信息时代背景下大学语文教学研究

霍晋峰　高薇薇　著

吉林摄影出版社
·长春·

图书在版编目(CIP)数据

信息时代背景下大学语文教学研究 / 霍晋峰,高薇薇著.--长春:吉林摄影出版社,2023.6
　　ISBN 978-7-5498-5877-4

Ⅰ.①信... Ⅱ.①霍...②高... Ⅲ.①大学语文课-教学研究 Ⅳ.①H193

中国国家版本馆 CIP 数据核字(2023)第 134437 号

信息时代背景下大学语文教学研究
XINXI SHIDAI BEIJINGXIA DAXUE YUWEN JIAOXUE YANJIU

著　　　者	:霍晋峰　高薇薇
出 版 人	:车　强
责任编辑	:罗　晗
开　　本	:787mm×1092mm　1/16
字　　数	:180 千字
印　　张	:13
版　　次	:2024 年 1 月第 1 版
印　　次	:2024 年 1 月第 1 次印刷
出　　版	:吉林摄影出版社
发　　行	:吉林摄影出版社
地　　址	:长春市净月高新技术产业开发区福祉大路 5788 号
	邮编:130118
电　　话	:总编办:0431－81629821
	发行科:0431－81629829
印　　刷	:北京银祥印刷有限公司

ISBN 978-7-5498-5877-4　　　　　　定　价:48.00 元
版权所有　　侵权必究

前言

　　语文教育属于母语文化教育，这与学生人文素质以及民族文化认同情感的培养尤为重要。大学语文作为当代高校教育中的一门重要课程，应当注重与实际相结合，让学生在接受大学语文教育的过程中，提高自身的语文能力，使其自身得到发展；并在此基础上传承民族优秀文化，培养努力创新的文化精神。

　　随着时代的发展，加之在高度信息化背景下，利用互联网技术在教学内容、模式和手段上进行创新，为大学语文教育找到了新的发展思路。本书是信息时代背景下大学语文教学研究方向的著作，本书从大学语文教育概述入手，针对大学语文的性质与特点、地位与功能以及相关理论进行了分析研究；另外对大学语文教育教学过程、大学语文课堂教学、大学语文课堂优化体系、大学语文教育的生态化进行了一定的介绍；还剖析了信息时代背景下现代教育技术与大学语文的融合与应用、信息时代背景下互联网与大学语文教学的整合、创新型大学语文教师等内容；旨在摸索出一条适合信息时代背景下大学语文教学的科学道路，帮助其工作者在应用中少走弯路，运用科学的方法，提高效率，对信息时代背景下大学语文教学研究有一定的借鉴意义。

　　在本书的策划和撰写过程中，作者曾参阅了国内外有关的大量文献和资料，从中得到了启示；同时也得到了有关领导、同事及朋友的大力支持与帮助，在此致以衷心的感谢。本书的选材和撰写还有一些不尽如人意的地方，加上作者学识水平和时间所限，书中难免存在缺点，敬请同行专家及读者指正，以便进一步完善提高。

目 录

第一章　大学语文教育概述 ··· 1
　第一节　大学语文的性质与特点 ··· 1
　第二节　大学语文教育的地位与功能 ·································· 10

第二章　大学语文教育教学过程 ·· 17
　第一节　大学语文教育教学过程的价值体现 ························ 17
　第二节　语文教育过程的本质和节律 ································· 21
　第三节　大学语文教育的五步教学法 ································· 28

第三章　大学语文课堂教学 ·· 31
　第一节　大学语文课堂教学的特征 ···································· 31
　第二节　大学语文课堂教学的原则 ···································· 34
　第三节　大学语文课堂教学的艺术 ···································· 43
　第四节　大学语文课堂教学评价 ······································· 48

第四章　大学语文课堂优化体系 ·· 55
　第一节　语文课堂优化的基本规律 ···································· 55
　第二节　语文课堂教学目标优化 ······································· 65
　第三节　语文课堂学习环境优化 ······································· 73

第五章　大学语文教育的生态化 ··· 85
第一节　大学语文教育的生态学探究 ···························· 85
第二节　大学语文教育的生态课程建构 ························ 101
第三节　大学语文教育的生态化教学设计 ···················· 113

第六章　信息时代背景下现代教育技术与大学语文的融合与应用 ······ 129
第一节　现代教育技术概述 ·· 129
第二节　现代教育技术在大学语文教学中的必要性与可行性 ····· 130
第三节　现代教育技术在大学语文教学中应用的策略 ··········· 134
第四节　网络化大学语文教学体系的构建 ···················· 143

第七章　信息时代背景下互联网与大学语文教学的整合 ············ 155
第一节　互联网与大学语文教学整合的基本概念 ············ 155
第二节　互联网与大学语文教学整合的应用价值 ············ 159
第三节　互联网与大学语文课程整合的理论依据 ············ 163
第四节　互联网与大学语文教学整合的实践路径 ············ 165

第八章　创新型大学语文教师 ··· 173
第一节　创新型语文教师的基本要求 ···························· 173
第二节　树立创新教学观念 ·· 184
第三节　形成创新教学方法 ·· 186
第四节　创新大学语文考核评价体系 ···························· 190

参考文献 ··· 197

第一章　大学语文教育概述

第一节　大学语文的性质与特点

一、大学语文的性质

语文是"语言""文字"与"文章"的统一,是人们交流思想,传递信息,获取知识技能不可或缺的手段。由此可见,语文的工具性、人文性和综合性便成为它的本质属性,包括大学语文。

(一)工具性

工具性是大学语文的基本特征,在进行大学语文教学时,教材发挥着较为重要的作用。教师按照课程要求设计教学内容,使教学具有一定的科学性,从而使大学语文课程体现出工具性的特点。由于语文具有较强的实践性,在生活、学习中被广泛应用,并且还具有向其他科目渗透的趋势,因此,获取知识、养成良好的学习习惯是开展大学语文教学工作的主要目的。例如:学生学习过诗歌部分的内容之后,就能够了解对仗、押韵等诗歌特点,并能够在写作时应用这样的诗句,进一步提高语文应用能力。另外,良好的语文习惯是通过大量练习得来的,练习时主要依托的是语文教材,所以,语文教材便为大学语文教学工作提供其重要依据。

语文教材具有德育能力,学生在学习中能够形成良好的人生观、价值观和世界观,并对人格品质的形成有一定的影响。由于教材内容中具有爱国主义色彩,学生学习这一类文章能够形成爱国情怀,例如《苏武传》《祖国,我亲爱的祖国》等文章,其能够发挥出工具性的作用,激发学生的爱国感情,感受中华文化。另外,大学语文中不少文章蕴含丰富的哲理,学生在学习中能够了解为人处世的方式,并能够发挥教材的人生指导意义,提高教学的有效性。

　　语言作为交流的工具,其内容具有大量的信息和知识,大学语文作为一门语言类课程,能够潜移默化地影响学生的文学能力,使学生能够在提高文学能力的同时,启迪思想智慧。在教学的过程中,传统文化的弘扬和人文精神的塑造也是通过大学语文的工具性而实现的。例如:教师在带领学生进行写作练习时,学生会应用文字将自己的真情实感表达出来,鉴别假丑恶,弘扬真善美,使学生的语文综合能力得到进一步提高。

　　大学语文教材中的内容十分丰富,怎样才能转化为学生的能力,还需要教师在教学中对课程内容进行合理分析整理,为不同需求者提供思想文化与语言技巧的丰富内涵与取向标准。但能否顺利实现工具性所体现出的文化与技巧功能,还取决于学生本身的兴趣爱好与教师实施的方式方法。由于大学生的语文综合能力参差不齐,传统的教学方法会按照大部分学生的学习能力进行教学,导致部分学生语文成绩得不到提高,甚至失去了学习兴趣。为了合理利用语文教材,教师需要先了解学生的语文综合实力,并使用适当的方法进行教学,引导学生进一步了解语文课程,使学生逐渐树立正确的审美意识。另外,在教学的过程中,教师会对优秀作品进行重点讲解,使学生能够潜移默化地提高语文综合素养,教师在教学中有针对性地对学生进行指导,能够帮助学生感受大学语文中的美,使之树立健康的心灵,掌握生动形象的语言表达技巧,从而发挥出大学语文课程的工具性作用。同时,教师在授课时,还需要先了解教材的整体结构,并根据教学需求设计教学内容,保障教学工作能够满足不同学生的发展需求。但由于部分教师对这一工作的重视程度不够,没有丰富教学内容,导致大学语文教材没有发挥出工具性的作用,为了改善这一现状,需要提高教师的教学水平与重视程度,并根据学生的兴趣爱好、学习情况合理设计教案,使语文教学工作达到培养全面人才的作用。

(二)人文性

　　人文性能够体现出人类文化精神,是文化精神和价值理想的统一。

人文精神是以积极的价值信仰确定生命的意义,以正确的伦理观念培育人际关系,以崇高的理性精神探索存在的规律,以自觉的公民意识参与社会事务,以坚定的文化自信传承民族传统,以高尚的审美理想创造美的世界。人文性的内涵是将真善美作为核心价值追求,推动人类文明进程发展。大部分大学语文教材在编写时将汉语言文学的发展历史、民族文化等内容融入其中,使语文具有特定的人文性,学生在学习时,能够感受到文章内容中的文化内涵,促进学生形成健全的人格品质,达到大学语文教学的目的。另外,大学语文课程内容中包括大量的历史、文化、哲学等文章,学生在学习时能够感受到中华文化的博大精深,能够满足学生的学习需求,进一步提高其语文综合能力。由于学习大学语文教材的教学对象为非中文专业的学生,部分学生对语文课程的兴趣不高,为了达到教学的目标,需要教师以提高学生整体文学素养为教学目的,对学生进行诱导教学,带领学生从多角度对优秀作品进行分析,使其能够感受文学作品的魅力,并得到感悟和熏陶。例如:在设计语文教学课程时,教师可以将文本中的人文特性进行分类,如仁爱、乡愁、自然等,通过这样的方法进行分类,学生能够同时学习到不同类型的作品,并激发学生内心的情感,强化学生对主题的认知。

语文教育是指导学生学习中华文化的主要活动,语文教材在编写时为了达到素质培养的要求,按照文体结构形式进行分类。另外,部分教材在编写时按照文学结构进行编写分类,如:有的教材按照发展顺序进行分类,使学生在学习时能够进一步了解文史知识,由于这一形式的教材较为系统,并具有人文性,能够帮助学生了解不同时期语文的发展情况,进一步提高语文教学效率。学生在进行学习时不仅能够提高其写作、表达能力,还能够通过文学作品提升民族认同感,使其了解中华文化中的人文性。

大学教育对个人的思维发展有一定的影响,由于大学语文教材中具有人文性的特点,能够承载其他教育意义,但由于部分教师对引导学生学习民族文化的重视程度不高,导致语文教学降低了有效性。为了改善这一现状，需要教师提高重视程度，并按照教材内容、设计方式进行教学引导，进一步提高学生的民族感，使学生成长为具有民族根的人，达到开展大学语文教育的目的。另外，由于大学语文教材在编排时按照不同类型进行整理，能够提高学生的语文综合能力。但部分学生在学习一段时间后，会产生枯燥感，为了改善这一现状，提高语文教学的有效性，需要在教学时按教材结构合理设计课程，提高学生的学习兴趣，发挥出大学语文中人文性的特点。

(三)综合性

学生在大学阶段主动进行语文课程知识的学习，并成为学习的主导者与实施者，知识面不断拓展，综合素养不断提升，这一过程能够体现出大学语文的综合性。语文学科中的内容多样化的特点，使学习这一内容能够达到文化传承的目的，升华学生的精神文化。大学语文学科具有教育职能，教材内容包括文化、文学、哲学、历史等综合性内容，从文学的角度对大学语文教材进行分析，能够发现其中存在大量经典文学作品，使教材内容呈现出传统文化精髓。由于中国古代的思想对文学有一定的影响，部分经典作品能够体现出传统思想，进而学生在学习时，能够感受到天人合一，发挥出大学语文教材的综合性特点。另外，由于传统思想文化在今天依然具有较为重要的意义，进而在大学阶段学习语文时，能使学生接受到传统文化的熏陶感染，提升自身语文综合能力。加之教师合理使用语文教材内容，结合历史文化的拓展引领，更能体现出大学语文综合性优势。

由于中华传统文化将人生境界与审美境界联系起来，文学作品能够传达出这一内容，大学生在进行语文学习时，能够感受到作品中的魅力，发挥作品的优势。教师在进行课程内容讲解时，将文学作品内容含义延伸到社会生活中，达到精神文化传承的目的，发挥语文教材综合性的意义。此外，教师在进行教学时，为了使学生进一步了解文本含义，会在讲解时引入实例，并创建相关的文学情境，提高学生的民族情感，帮助学生树立正确的人生态度,提高教学的有效性。大学语文课程具有不同的特点,并且语文教育的目的是育人,进而在进行教学设计时,需要对课程内容特点进行统一,并使用适当的方式进行教学,发挥语文课程综合性优势。

语文是一门综合性较强的学科,良好的文本分析能力能够提高其他课程的学习效率,直接影响其他课程的学习质量。人们生活、工作中都需要应用语文,大学生虽然在先前的学习阶段接受了12年的语文教育,但为了推动学生进一步发展,为今后的工作奠定良好的基础,需要在大学阶段继续学习语文。例如历史中具有重大成就的科学家,不仅专业领域优秀,还具有较强的文学鉴赏能力与良好的文字表达能力,保障其能够应用合适的言语表达研究成果,从而体现出语文的综合性和重要性。另外,学生在进入社会工作时,需要用语言陈述自身观点,表达自己的不同见解,可以说学习、工作、生活的方方面面都离不开语文。一个能说会写的人无论在哪个行业都会受到重用,考察一个人的综合素质少不了必要的语文知识。教师在教学的过程中,为了提高学生的语文综合能力,在教学时将教学内容进行完善,并将其他知识内容与教材进行融合,进一步提高教学质量,体现出大学语文的综合性特点。

二、大学语文的特点

(一)知识结构的整体性

大学语文课程之间的教学要点、内容等部分存在一定的联系,并形成相对独立的体系,包含了大量的语言、文学、哲学、历史、道德等知识,这一具有系统性的教材为大学语文教材。应用这一课程设计教案、课时,能够将总体学习目标与阶段性目标联系起来,从而体现大学语文的整体性特征。虽然大学语文教材具有不同版本,并且编者不同,教材结构划分、重点内容设计存在差异,但其知识结构整体性的特点是无法或缺的。大学语文教材为了体现知识结构整体性的特点,在对单元进行分类时,不同单元所体现的重点内容是不同的,教师在设计教学内容时,为了体现出知识结构整体性的特点,需要根据重点部分设计教学计划,学生在自主学习时,也能够重点学习重要内容,发挥出大学语文整体性的优势。

大学阶段的语文教学时间较为灵活,可以贯穿整个大学课程体系中,虽然学生具有一定的语文学习基础,但大部分学生对语文综合知识了解不深,提升不够,为了提高教学的有效性,使教材知识结构具有整体性,大部分教材编写人员将课程内容按照结构类型进行分类,教师能够有针对性地进行课程讲解。例如:在学习散文时,教师会根据教材知识结构引导学生总结散文的特点、写作手法等内容,并引导学生自主创作,达到提高学生写作能力的目的,推动语文教学工作进一步发展,达到提高学生综合能力的目的。

高校学生在学习大学语文内容时,在按照知识结构进行教学时,为了提高教学有效性,发挥出知识结构的优势,教师需要在教学之前对这一部分整体结构进行分析,并为课程设定主题,使学生在教学中能够了解教学重点内容,进一步提高教学有效性。为了使知识结构具有整体性,需要在课程结构设计时,将文章类型进行穿插,使一单元中既具有古代文又有现代文,调动学生的学习积极性,进一步提高教学有效性。在针对不同专业开设大学语文教学时,需要提高知识结构的整体性,并明确结构类型,根据学生的喜好进行设计,通过这样的方法设计教学内容,能够使学生转变对语文课程的态度,提高语文课程学习积极性,促进大学语文教学工作进一步发展。

大学语文课程教学的主要目的是培养学生的创造性思维,在教学时,教师会引导学生积极思考,并鼓励学生提高学习积极性,提高教学有效性。在教学过程中,教师可以设计开放性答案的问题,并引导学生进行整理,进一步提高教学的有效性,促进学生思维能力发展。

(二)文选内容的经典性

大学语文的课程性质和学科定位是大学语文课开设以来一直讨论的

中心话题。与中学语文的区别是其在高校学科系统中的地位、学生知识构成中的作用等，这成为准确把握大学语文教学所要解决的前提。大学语文选文中具有的工具说、文学说、美育说、文化说、人文说、思想教育作用等功能，能够达到情感陶冶的目的，并发挥选文的经典性。开设大学语文教育的主要目的为提高大学生的文化素质，在其中融入大量经典选文，不仅能够满足时代发展的需求，还能够体现出时代价值与社会意义，通过这一阶段的教育，大学生能够熟悉和掌握传统经典，达到素质教育的目标。并且大学阶段语文教学内容较为重要能够推动学生进一步提高自身综合能力。学生在学习中对小说类的作品较为感兴趣，为了提高教学的有效性，需要教师引入经典作品的同时，融入现代优秀作品。

在教学改革不断推进的背景下，大学语文教学为了能够进一步发展，在选择教材时对选文内容进行了分类整理，并按照学生的喜好选择教学内容。例如：在对具有时代感的内容进行整理时，需要先将内容按照经典性进行分类，并将一些优秀的文学作品融入其中，提高大学语文教材的有效性，为教学工作提供依据。在整理教学内容时，教师可以先将教学内容进行分类，并更换部分文选内容。

由于大学生已经接受较长时间的语文教育，并已经形成了一定的文学素养，具备文章分析能力，但大学阶段的语文教育的主要目的是为进一步提高学生综合能力，教材中部分内容难以满足学生的学习需求，为了能够进一步提高教学的有效性，需要教师在授课之前对教材内容进行整理，并删掉部分不够经典的文本，引入能够满足教学需求的文本，提高教学质量。另外，由于部分教师的语文综合能力不强，文学积累不足以丰富教材内容，为了改善这一现状，发挥出语文教材的优势，需要教师共同努力提高自身语文水平，加强教学信息反馈，改进教学方法，提高教学有效性，推动教学工作进一步发展。

(三) 人文精神的隐含性

大学教育具有人文素质教育的责任，进行人文教育能够使学生了解到人生的价值与自由意识,我国人文教育在发展中经历了化民成俗、转识成智的过程,并不断丰富人文精神,进而大学语文教学具有培养健全人格的目的。为了发挥课文人文精神的影响力,教师需要在备课时了解课文的含义,并设计教学内容。为了提高教材内容的人文精神,需要在设计时引入大量的古代文学作品,提高教材设计的有效性。大学语文课程具有基础性的特点,因此可以在教材中增加科技说明文,将形象思维与抽象思维有机结合,让学生提高对其他领域的了解程度,进一步提高教学的有效性,提高学生的学习兴趣。

大学语文课程能够帮助学生了解社会,为从业后的工作奠定良好的基础,进而在设计课程内容时需要选择贴近生活实际的内容,使教学具有一定的时代感。例如:教师可以在设计教案时,将生活中的人文精神实例与文本联系起来,并按照学生的个性爱好选择篇幅小内容精练的文章,在教学时教师加以引导,使学生感受人文精神中的隐含性,发挥大学语文教育的意义,提高教学有效性。在网络快速发展的今天,网络作品质量不断提高,学生对其关注度较高,为了提高学生对课堂的关注度,可以在设计教学内容时适当将网络作品融入其中,引导学生分析作品优劣,提高学生对作品人文精神的了解程度,促进学生进一步提高语文综合能力。另外,应用这一方法设计教学内容能够引导学生关注社会生活,并产生一定的感悟,达到大学语文教学的目的。

(四)表达方式的审美性

大学语文教材将语言文学、文化知识进行整理,包含一定的思想文化内涵,并且大学语文课程为传播知识的载体,其结构本身与人的审美相符合,使学生能够进行情感交流。语言是人类沟通的重要工具,能够将自身的想法进行传达表述,随着中华历史的不断发展,语文课程内容不断完善,无论诗歌、散文、小说、戏曲,无论叙事论理、写景抒情,都不乏美文美句,对大学生健全人格的塑造起到直接的影响,为其他科目的学习理解提供基础。教师在教学的过程中,需要提高引导力度,使学生能够通过学习优秀作品,提高课文审美感悟能力,并得到熏陶感悟,推动大学语文教学工作进一步发展。

语文教育是学习祖国语言的方式,这一行为具有人际交往、文化传承的意义,大学语文教育将中华五千多年的历史进行了汇总,学生在学习时,不仅能够提高语言运用能力,还能够了解语言表达的审美能力,并提升民族认同感。每个国家在开展教育工作时,都将本国语言放在重要位置,使学生能够在学习时,进一步提高语言表达中的审美能力。

大学语文教材内容包括诗歌、散文、小说等形式,不同形式的文本语言表达形式存在差异,但学生在课堂中认真学习能够感受到作品中的美。在教学中,由于大学阶段的学生受过语文教育,其理解能力、学习能力较强,在教学时教师只需要应用美的规律对学生进行引导,学生能够对课文表达方式中的美进行分析,获得一定的美的享受,并逐步形成正确的语文审美能力,达到培养全面人才的目的。另外,由于大学开展语文教学的目的之一为培养学生的审美能力,进而在大学课程教育时,教师需要引导学生把控审美标准,帮助学生形成心灵美、高尚美的分析能力,提高大学教学的有效性。

大学语文课程的主要任务为提高学生的语文综合能力,进而教材中的内容较为丰富,作品类型较为完善,在教学时教师会丰富写作背景、作者的生平事迹等,进一步提高教学的有效性,应用这一方式进行教学工作,学生能够了解表达方式中的美,并树立正确的审美意识。由于大学具有树立健康品质的教育职能,进而在进行语文教学时,教师需要根据学生的性格特点,构建适当的教学方法,保障教学工作能够使学生形成良好的审美情趣。

在科技不断发展的背景下,为了提高大学生对语文学科的重视程度,需要在教学时引导学生关注社会,思考语文学习的意义,提高对语文学科的重视程度。另外,在进行教学时,为了提高学生的综合能力,需要在教学时巩固其语文知识,并带领学生进行语文知识练习,使学生能够主动感悟语文表达方式提高学生的综合能力。在进行教学时,为了提高有效性,教师可以将现代科技与语文课程内容相结合,以具有趣味性的方式进行教学活动,进一步提高教学的有效性,达到大学语文教育的目的。

第二节　大学语文教育的地位与功能

一、大学语文教育的地位

(一)地位概说

在第五版《现代汉语词典》中,"地位"通常有两层意思:一层是指事物在事物所在系统中所处的位置;另一层是指(人或物)所占的地方。在我国古代的词汇中"地位"由两个语言因素(简称语素)构成:"地",义为"地方";"位",义为"位置"。"地位"一词早在先秦时期就已经出现了,义为"人或物所占的地方或所处的位置"。卢仝《走笔谢孟谏议寄新茶》的诗中,"地位"一词就是这个意思。经过长时间,事物的不断变迁,"地位"一词的本义也发生了"异化",从而引申出两个新的意思:一是"达到的程度";二是"境地",通常表示为不好的处境。

根据上下文的意思,认为"地位"一词可理解为"位置、程度、定位",以此表述大学语文在人文素养培养方面所处的位置如何,所起的作用是什么,在培养、塑造方面所能达到的程度。大学语文在整个人文素养的培养过程中起着"引言、索引"的作用,是将人文素养方面的内容固定化、书面化、体系化的过程。究其培养效果如何,也许能量化大学语文的地位,使培养效果"显性化"。

由此可以判断出,大学语文具有基础性的地位,即它对于培养高校学生的包括语文素养与人文素养在内的综合素质具有基础性的作用。在现实中,将大学语文归类为人文类课程,并且将它设置为公共必修课程,也是对于其基础性地位的反映。

(二)人文素养培养的"航向标"

大学语文对于学生人文素养的培养首先起着"索引""引导""航向标"的作用,可以说大学语文是文化积淀、精神汇聚的产物,是人类历史的"浓缩版""精编版"。学习大学语文,在一定程度上来说就是在纵览人类文明史、思想史。可以进行这样的假设:每一个接受人文素养培养的学生都是一只船,他们航行在人文素养的大海上。大学语文起着"航向标"的作用,标给他们前进的航线,指给他们学习的方向。这种"地位"即通过对于中外文学名著、民族文化、思想潮流、古典文化的学习,在此前学习的基础上进一步提高学生的阅读理解能力、分析鉴赏能力、写作应用能力,并以此提高学生的人文综合素养。

(三)人文素养培养的"存储器"

存储器是现代信息技术下的产物,它是计算机系统中的记忆设备,用来记忆存储各种程序、数据,并且能在计算机运行的过程中自动、高速地完成程序或数据的存取。

与此相类似的,大学语文的编写、教学活动其实也是一个"由文及文""由文及人"的"存储、处理、使用"过程。"大学语文"教材就是一个"存储器",由编写者人为地将选取的"文化精品"存储进去,然后在教学实践中,由教师或者学生从中任意调取信息,这是其他人文素养培养方式所不能比拟的。

培养他们学习大学语文的根本目的在于提升学生语言文字实践应用能力的同时,认知、鉴赏、领会中国古典人文精神的能力,名家名作的情感思想,引领着他们领略世界文化的人文魅力,培养其深刻探究国内形式,并且让丰富多彩的情感、优美的语言、健康的心理内化于心,学会理性思考,维护世界人类正义的事业。

因此,在高校中实施大学语文课程教学时,是要把教材中的文章当作一种文化思想来审视,通过深入学习,领略其独有的人文思想,揭示其深厚的人文底蕴,传承、发扬中国古典民族文化。总而言之,要让学生在学习、阅读大学语文教材的过程中,认识、理解世界古典文化,汲取传统文化的营养,让人文精神内化到学生的内心深处,达到发展学生的个性,培养学生健全的人格的目的。

(四)人文素养培养的"检测器"

"检测器"是工业机械用语,指的是对机械性能及其变量进行的实时监测。检测器的监测范围一般包括:机械的灵敏度、稳定性、响应度、事物变化的规律等。大学语文具有的"检测"功能主要指的是大学语文教学活动中对于学生的教学评价,当然同时也反映出了高校对于人文素养培养的重视程度。因此,需要"检测"的内容就包括以下几个方面:一是课程的设置;二是课时的安排;三是教学效果的评价。

首先是课程设置。根据教育部高教司对于"大学语文"课程设置的说明,大学语文是面向文、工、理、法、财、医等专业学生而开设的公共课,不同的高校对于大学语文的设置还是有所不同的。在调查中,有些学校将大学语文作为独立的限选课;有些则是请人文类方面的专家(如语言学、文史哲、古汉语等)给学生开设类似"大学语文"的课程;有些则直接改成了"应用文写作课",着重培养学生的实践应用能力。

其次是课时的安排。将"大学语文"课设置成一门独立的学科,一直以来是相关专家、学者期盼的事。就目前而言,除了师范类高校以外,很多学校还是将大学语文以选修课来看待的。

再次是教学效果的评价。对高校的学生进行入学前和毕业后的大学语文测试是很有必要的。当然,人文素养包括的内容很多,不仅仅局限于语言能力的应用方面。但同时也应该看到,对于大学语文相关能力的测试,也在一定程度上将人文素养"具体化""数字化"了,从另一个侧面反映出了学生的人文素养水平。

二、大学语文教育的功能

(一)功能概说

功能的种类有以下几种:一是使用功能,在一定程度上具有使用的客观性,例如应用文写作;二是品味功能,即指在精神上的感觉,主观上的意识;三是必要功能,指的是一种必须具备的条件;四是基本功能,指的是有直接关系的作用;辅助功能是对主体的效能发挥具有帮助的作用。此外还有不必要功能、不足功能、过剩功能等。

这里拟采用"对象能够满足某种需求的属性"的定义,即大学语文的培养内容满足人文素养的要求。这种属性表现在两个方面,一是客观语言能力的具备;二是主观精神方面的有效提升。这是由于在考察一个人的人文素养是否具备的时候,往往会从其语言能力、精神面貌、心理状态、价值取向等方面入手。因此,要论述大学语文在人文素养培养方面所起的功能,应从主客观两方面考察之。

因此,由上可知,大学语文在高校人文素养教育功能上应具有如下几方面的内容:增强语言基础知识和应用技能,突出求职过程中的语言优势;培养创新性思维,提升人文素养,树立高尚的道德情操;进行有效的审美教育,提高审美认知力、鉴赏力、创造力;强化职业道德的教育,培养团队意识,融洽与他人、与社会、与自然的关系。

(二)塑造健康心理

心理健康是指人们对于环境及相互间具有最高效率及快乐的适应情况。在他看来,真正的心理健康是效率、满足之感、接受规范三者兼具的状态。心理健康是指一种持续的心理情况。现代心理健康的标准有如下几个方面:较强的心理适应能力;看清"自我",对于自身有较准确的评价;实事求是的生活目标;脚踏实地的生活态度;完整、高尚的人格品质;良好的人际关系,团队意识;能够对于自己的情绪收放自如;能够发挥个性,达到自己的人生目标。

有必要充分利用"大学语文"这个载体弘扬人文精神,重塑健康心理。这是由大学语文既具有悠久的精神价值传统,又不失生动具体的时代内涵决定的。

语文以语言为表现形式,文化符号,它指引着人类社会走向文明,在历史的长河中,形成了自身独具特色的体系。语文作为一种文化的载体,传达的是思想与情感,承载的是文化与价值,是人类精神世界的成果。很多专家、学者认为语文是"心灵的书籍",更有心理学家将其当作是最佳的"心理学教材"。

大学语文教育应着眼于人文精神的培养,而与此同时,健康的心理状态、高尚的人格、较强的创造主体意识、求真务实的生活工作态度、乐于竞争与善于合作的精神,也是未来人才培养与市场需求的标准。

(三)培养审美情趣

审美情趣培养既是人文素养的应有之义,也是大学语文教学的目标之一。审美情趣的培养是一个"双向"的人文教育活动。大学语文教材以古今中外的文学精品为载体,通过剖析、领悟发现其中的"情感美、状态美、思想美"。与此相对应,也可以利用业已成熟的美学理论指导人们的审美教学,探索教学过程中的审美规律。然而,大学语文的内容包罗万象,承载着诸多名家的思想情感,我们又应该如何在其中体味"美"呢?

首先是提高对"美"的"感应度"。因此,需要对"美"有一种天然的意识,对"美"产生条件反射。而大学语文中的内容能让人们具备一定的文化、生活底蕴,给人们一双发现美的"眼睛"。在语文教学中,教师要带领学生体味"文字形象美、语言音乐美、词语意境美、句式变化美、整体风格美",让学生在对美的体味过程中培养"审美意识",享受"审美"的愉悦。

其次是培养"美"的鉴赏能力。看一件事物是否存在"美",不仅要具备基本的美学常识,更重要的是要有相应的文化基础、审美观念、人文素养等。因此,在教学中不断挖掘作品的文化背景、情感思想、人物经历是很重要的。当然,这也在无形中提高了学生对于"美"的鉴赏能力。

再次是提高"创造美"的能力。"美"的创造,有两个先决条件:一是要有"美"的意识,"美"的鉴赏力;二是要有"创造美"的平台,也可以说是载体。

(四)树立理性思维

理性思维属于人类思维活动的高级形式,是人类通过自觉的、有目的、有意识的主观活动,来认识事物的本质,把握事物的规律,以指导人类的客观行为。有学者认为,理性思维是一种认知和人性上的思维,是对外部环境进行的富有逻辑性的分析与思考,尚属于思想范围。研究认为,付诸行动的理性思考才是完整的,才具有现实意义,才能够被用于实践教学活动。这正如相关学者所认为的那样,理性既是生命的内在本质,也是生命自我实现的理想状态。

一般而言,理性思维应具备如下条件:一是对于感性知识的事物进行富有逻辑的思考;二是对于思考的东西作出恰如其分的说明、概括;三是在概括内容上努力实现递进关系;四是将思考的内容付诸实践,检验其合理性。只有这四点具备了,才能说是真正的理性思维。

"大学语文"应具备培养理性思维的功能。这是由于人既是社会中的人,在一定意义上来说也是文化中的人,是各种文化的生成。人的人文背景、价值导向、思考方式、道德品质,使人的活动变成了文化的活动。再加上高校的学生心智业已成熟,应当具备了相当的理性思考条件。与此同时,理性思维对于教学科研具有决定性的意义,无论是文科类学生,还是理工类学生,都应当具备这项基本功能,这是全面开展人文素养教育的大前提之一。

那么,大学语文应以何种方式让学生树立起理性的思维方式呢?首先是充分发挥语文的心理重构功能,此时,大学语文特有的工具性与人文性就派上了用处。通过学习大学语文,可以让学生延展知识面,丰富精神世界,以人文素养来健全心理品格。其次是授予正确合理的思维方法。大学语文收录的文章大都是名家名篇,是文化的精品,是智慧的结晶。因此,在学习人文内涵的同时,也要注重文章作者的思维方式,搞清楚他们是以怎样的角度、怎样的方式来看待物质与精神世界的。

第二章　大学语文教育教学过程

第一节　大学语文教育教学过程的价值体现

一、过程哲学对语文教育的启示

一切事物都是在过程中诞生的,一切价值、意义也都存在于过程之中。离开过程,世界会变得虚无缥缈。作为生命现象的言语活动也必须在生命的过程中展开,语文教学的价值自然也是在教学的过程中生成的。所以,研究语文教学最深入有效的途径是对语文教学过程的研究。

在本体论中,过程哲学坚持过程就是实在,实在就是过程,过程之外没有实际存在物。实际存在物是一个过程,这里存在着从状态到状态的生长,存在着整合与再整合的过程。这样一来,整个宇宙,包括自然、社会和人的生命,都是由各种实际存在物的发展过程所构成的一条历史轨迹。因此,只有过程哲学才能提供一个澄清的宇宙,在这种宇宙中,过程、动态的现实性、相互依存性是直接经验的基本材料。

(一)过程哲学否认主客体的二元对立

在主客体的关系方面,过程哲学否认主客体的二元对立,主张主客体的对话与交融。现实世界中的所有实际存在物,相对于某种作为"主体"的既定实际存在物而言,必然要被那个主体"感受到"。任何东西只要在主体身上能够唤起某种特定的活动,就构成了认识的客体。客体是在认识的过程中生成的,是与主体现实地发生关系的客观对象。也就是说,在认知过程实际发生之前,根本无所谓主体和客体之分,主体和客体是在实际存在物的相互作用过程中逐步生成的,主体与客体的关系以及主体对客体的认识也是一个逐步生成的过程。主客体是在过程中生成并"相遇"的。

对于个体特征的认识上,过程哲学认为有机体的根本特征是活动,活动表现为过程,过程则是构成有机体的各元素的持续的创造过程。它表明有机体的存在是一个生生不息的活动过程。过程之外无存在,世界就是无数个体的实际存在物的产生过程。每个个体都是由性质和关系所构成的有机体,是一种面向新颖性的创造性进展。

(二)教学的价值产生于过程

语文教育是一种作为过程的存在,是许多因素相互关联、相互作用的有机体。这个过程具有生成性,也就是说,有机体在不断地发展变化。这是语文教育观念中的最根本的蕴含。语文教育的意义就在于对过程的促进和"发酵"。语文教育过程表现为活动的持续性、动态的现实性和主客体的相互依赖性。语文教育由此产生主体直接经验的生动的基本材料。思维正是起源于直接经验的情境,是实际经验的情境的性质引起主体的探究和反思。

(三)主客体呼唤和回应的双向交流过程

主客在交流中渗透、融合从而结为一体。完成这项任务的是一种类似于磁场的存在,我们称之为"感受"。感受是一种心理体验和激发的过程,任何事物都因为"感受"才得以存在。

(四)语文教育是学生精神成长的过程

精神包括心灵和智慧两个方面的因素。它是通过对实际存在物的感受、推断来实现的。主体的精神受到实际存在物的启迪又反照于存在物。多方面的联系和沟通是产生感受的条件。心灵不是对自然的被动反映,而是人类采取赋予生活经验、意义的方式,积极解释和转变概念的能力。智慧也不仅仅是对知识的记忆,更多地表现为对知识的掌握和运用的方式及其效益。语文教育是一个充满创造意味的精神探险的过程。在这个过程中,主客体逐渐融合,受教育者跟世界的关系日益广泛、深刻起来。

二、过程和方法在语文教育中的位置

语文教育的知识和能力、过程和方法、情感态度和价值观的三个目标联结为一个不可分割的有机整体,其中过程和方法的目标在这个有机体中占有十分重要的位置。

知识和能力的目标只有在具体的过程中、采用一定的方法才能够完成。知识的学习、理解和运用要经过一定的过程,能力的培养更离不开具体的过程。过程是由若干环节构成的,若干环节间的内在联系就是方法。没有任何知识的掌握和能力的形成能够离开过程和方法而凭空产生。知识是前人的认知成果,要学习、运用它,过程是必不可少的。能力的获得要亲身实践,反复练习,因此需要有具体的方法。同样,情感态度和价值观目标的实现也离不开具体的过程和方法。情感的产生离不开实际存在物,情感是主客体之间深入交流的精神产物。即使是被他人的感情所感染,也存在一个主体与主体之间交流的过程,而且要真正被打动进而接受他人的感情,也一定需要对他人感情产生的根源有所了解,有所感受。

语文教育的过程和方法就是学习知识、培养能力的过程和方法,就是养成良好的情感态度和崇高的价值观的过程和方法。过程和方法的每一个环节和步骤,它的对象、要素、动力、结果,都是由知识、能力、情感、价值观等因素构成的生命体。这就是说,过程和方法不可能离开知识和能力、情感态度和价值观而独立存在。知识和能力、情感态度和价值观也不可能离开过程和方法而获得。

过程之外没有存在物。世界存在于主客遇合、交融的过程之中,主体从客体受到启迪,客体被主体重新赋予生命。主客在相遇的过程中结合为一个和谐的整体,主体通过交融获得并壮大自己的生命。语文教育中的每一个活动,都是这种意义上的认知活动。学生在过程中认知世界,发展自己。他们从自然界、人类社会、科学艺术中得到心灵的召唤,获取智慧的领悟,同时,他们也以自己心灵的阳光照射事物。教学生认识一个字,阅读一篇课文,其实质就是在认识一种事物,体验一段生活,让世界走进自己的心灵,自己的心灵也融入世界。通过这样深入的对话和交流,世界敞亮起来,学生的生命也得到发展壮大。这个过程不是瞬间可以完成的,它包括一个心理的时空,包括物质和精神交织在一起然后孕育出新的精神成果的各个环节。人们的认识,人们的精神活动,没有办法只需一步就从起点走到终点。人的认识是在具体的过程中完成的,人的生命也是在不断探索的过程中成长的。

方法存在于过程之中。在本质上,方法是主体与客体,主体与主体在过程中相互联结的一种方式。方法绝不仅仅是一种技术性的东西,它是一种面向世界的态度,是一种思想的现实。比如情景交融的写作方法,实质上是一种主客融合的产物,是一种天人合一观念的反映。比如从字词中品味作者的思想感情的方法,是在语言全息理念下指导的实践。比如综合学习的方法,实际上反映了我们系统地看待事物的方式,也是事物真实的存在状态的反映。过程都是由具体的方法组成的,方法是过程的内容,许多目标一致的方法组成一个富有创造活力的过程。

一般地说,过程和方法具有四个特性,即实践性、流动性、发展性和综合性。实践性是说,任何过程和方法都是主体的实践活动,都要认知客观存在物,进行物质或精神的生产。流动性是说,过程和方法不是静止的,总是从一个环节指向另一个环节,总是从开端指向结果。发展性是指在过程的进行和方法的采用中,主体的结构必然发生变动,通过吸纳外界的信息、进行自身内部的重新组合而上升到一个新的水平。综合性是说任何过程和方法都不是单一的,它包括主客体两个系统中的诸要素,即过程和方法的目标、材料、动力、流程、结果等各个环节要素。

语文教学过程是由一些可操作的具体的方法构成的,如语文教学的方法不是单纯的技术问题,它受制于教学的内容和目标,是语文性质的反映,是师生思维的现实,甚至还能从一些方法中看到时代的影子甚至听到社会思潮的涛声。所以,对语文教学方法的研究在本质上是关于人的价值的追求。

学生的隐性知识资源是在生活实践中获得的,在两个相似的情境中,学习迁移更容易产生。教师要尽力创造适宜的课堂情境,调动学生的隐性知识资源,并把它激发出来。

第二节 语文教育过程的本质和节律

一、语文教育过程和方法的特殊性

语文教育的过程和方法除了具有以上一般的特性之外,它还具有自己的特殊性,这就是开放性、关联性和回归性。语文教育是多个对象、多种层次、多种角度的对话。凡是世界上存在的,生活中遇到的,自己认识到的,都可以纳入语文教育的过程和方法之中。这就造成了语文的教育过程和方法的丰富多彩。参与到过程和方法中的种种要素紧密联系,相互作用。理解作品既是对作家的理解,更是对作品所表现的事物的理解。作文不仅仅是运用语言文字的问题,更是对事物、对社会、对世界认识的问题。事实、观点和意义之间、物质存在和精神生成之间都不是孤立的。主体与客体之间、主体与主体之间存在着多种多样的或明或暗的包含、孕育、催生等紧密的联系。语文教育的过程和方法最终要指向作为学习主体的学生自身,完成生命内部的意义建构,实现精神和心灵的发展。人和世界的联系是自己建立起来的,而不是由别人代为确立的。人的心智也正是在过程和方法中发展起来的。

具体地说,语文教育的过程要经过体验、感悟、思考、表达等几个阶段。基本的方法包括观察、诵读、想象、探究、交流等。过程和方法是融合在一起的。语文学习研究的对象有两类:一是具体实在物,一是符号替代物。对于具体实在物可以直接感受,而对符号替代物则需要通过想象转化为可以感受的具体实在物。敏锐的感知和体验是语文学习的最为关键的一步。语文教育必须调动起学生的全部感官,这样,事物便和生命融为一体了。就是那一行行的文字也都成了光彩闪烁、温情流动的有生命的存在。思考和研究中想象是极为重要的,这里的想象已不同于前一阶段中感性化的想象,这一阶段虽然不排除形象,但主要的是抽象和概括,是寻找联系和获得发现。它包括三个要素:第一,接触实际,明了真实的存在;第二,把握事物的本性,从事物的原因去解释事物;第三,寻找事物之间的联系,促进运用要获得对事物的真正理解,就要开启悟性,独立思考。了解了事物,弄清了事物的根源,形成了自己的真知灼见,语文学习也才具有生命,拥有了灵魂。最后一个阶段是表达和交流,表达和交流是语文教育的高级阶段。要把知识转化成自己所理解的东西,要和实际接触,要运用主体的思考力,并形成自己的意见。必须自己研究事物本身,发出属于自己的声音。这样,学习主体在表达和交流中跟世界建立起联系,同时又在日益广泛深刻的联系中丰富和提高了自己。

语文教育过程和方法的目标具有两重意义:其一,它本身是教育的目标;其二,它还是实现目标的途径,具有重要的发展功能。我们所说的体验、想象、表达的学习方法是自主的,它注重刺激学生的内部生长机制,能够解放和促进学生的创造性。由这样的方法构成的学习过程必定是充满生机的。学生置身于这样的学习过程,必然心灵自由,思维活跃,语文学习就成了人的本质力量的快乐游戏。

二、语文教育过程的要素

从过程的要素入手来分析语文教育是最基础的一步。语文教育的过程包括三个主体要素和一个关联要素,主体要素是学生、教材和教师,关联要素是两个主体要素之间的相互关系。过程的这四个要素共同构成语文教育的有机体。

(一)学生

学生作为一种心灵化的存在物,是教育过程中最基本、最活跃的因素。它既是教育的出发点,也是教育的归宿,是过程和目标的统一体。学生感受、体验教材,学生的心智是一种永不休止的活动,灵敏、富有接受性,对刺激反应快。心灵是一个参与者而不是参观者,学生在语文教育的过程中自我发展。

(二)教材

教材是宇宙的一个镜像,是被意识了的世界存在物。实际存在物可以分为实体存在物和概念存在物两类。实体存在物是指具有形体的存在,它广泛地存在于自然界和人类社会。概念存在物是指符号化了的存在,如文学艺术作品。语文教材既包括概念存在物也包括实体存在物,实体存在物和概念存在物经由学生的感受等一系列精神活动而相互转化。学生通过学习教材而感知世界。语文教育就是学生和世界建立起广泛的联系并逐步深化的过程。教材提供认识的对象,发出呼唤。教材有巨大的潜能,它以蕴含的丰富信息走进主体并打破主体图式的平衡,促进主体形成张力,寻求发展。主体以积极响应的精神态度接纳教材,接受、发现、同化,最终达到主客一体的沟通和交融。

(三)教师

在过程要素中,语文教师的存在有两种意义:一是作为教材的存在,二是作为关联的存在。语文教师的这种二重性决定了他们的重要性和复杂性。作为教材是指文化蕴含丰富的语文教师本身就是活跃的课程,是教材的重要组成部分。语文教师对教材的解读、对课程的组织以及他自身都是积极的文化性的实际存在物。作为关联的存在是指语文教师在学生和世界这两个实际存在物之中充当中介人的角色,在实体存在物和概念存在物之间起到重要的沟通和转化作用。特别重要的是,教师的人格、思想等精神力量在主客体的融合的过程中起到重要的指示和促进作用。他亲手打开存在之门,以自己的思想之光照射进去,使学生对世界的感受得到催化和烛照。严格地说,是从桥上跑过去的过程。语文教师工作的价值在于他的过程性的存在,教师的感受与学生的感受是引发和催生。

(四)关联

过程中各要素之间的关联紧密又频繁,而且各要素之间的关联方式直接决定着各要素效能的发挥。这就是说,关系决定存在,实际存在物的价值不能自我确证,而是在相互关联的过程中实现的。对话、交流、融合、催生,是语文教育各要素关联的本质属性。具体地说,学生、教师和教材是三位一体的,三者通过对话交流而融合及生长,其中学生的生长是核心目标,它在各种关联中起着决定作用。教师在整个过程中都处于隐性的地位,语文教材是实际存在物与概念存在物之间转化和结合的标本,它若隐若现。它们在学生和世界相知之后而最终退出这个动态系统,留下的只是一个精神化的符号存在物。

三、语文教育过程的特征

语文教育过程是借助于语言对世界的认知过程,是学生在言语中自我组织的过程,它具有十分突出的个性特征。语文教育过程的特征可以概括为开放性、关联性和回归性。

(一)过程的开放性

在语文教育过程中,主客体都表现出开放的特性,而且是双向对流的。主体的开放表现为学生心灵的接纳性,客体的开放表现为实际存在物的启示性。世界以无数的实际存在物显现在我们面前,学生以独特的感受和独立的思想参与到语文教育过程之中,因此,客体的启示和主体的接纳、交集形成一个多重的对话领域。

(二)过程的关联性

关联性是指对观点和意义之间联系的不断寻求,并考虑历史文化背景与关联情景的感知方式之间的联系。各种实际存在物之间都不是孤立的和封闭的。关联就是不断地寻求,不断地探索,发现事物之间的联系。这种联系主要是内在的、精神上的联系。主要有:各存在物之间的联系;每一种存在物内外之间的联系;存在物在不同时空中所具有的意义的联系;对实际存在物的千差万别的感受方式及其结果的联系;实体存在物和概念存在物之间的联系。所有这些联系都可以归结为主客体之间的联系。这种联系是具有历史文化性的存在,是无限丰富的心灵之间架起的彩桥。关联在本质上表现为实存、观点和意义之间的联系。

(三)过程回归性

回归性是语文教育过程最具价值的终结性的特征。如果说开放和关联是以主体的心灵为起源往四面八方的无数实际存在物发散,那么,回归则是从实际存在物向主体心灵的收拢。回归是经验的反思、意义的重构和整个机体的转变。回归的价值在于:主体跟世界的联系是自己建立起来的,而不是别人建立起来的;主体跟世界的联系靠的是感受而不仅仅是对世界的记忆;主体跟世界的联系是积极的重组、整合和创建,而不是单向的孤立的储存。回归使得主体拥有世界,融入世界。回归性是语文教育的目的之所在。语文教育最终要回到主体自身,通过对实际存在物的选择、感受、解释,完成意义的建构。

四、语文教育过程的本质

语文教育的过程是丰富多彩的,学生、教材和教师的不同都使得每一个过程显示出鲜明的个性。但是不同个性的过程在本质上是一致的,即都具有实践和创造的本质特征。

(一)过程的实践性

实践是指主体与实际存在物的亲密接触,主体感受客体并达到二者的和谐统一。语文教育的实践表现为紧密相连的两个阶段或形式,即认识和表达。认识是感受,表达是理解。认识是表达的前提,表达是认识的深化。认识和表达结合在一起促进主客体之间的广泛而深刻的联系。在语文的实践中,认识侧重于感性的把握,而表达中则渗入了理性的思辨。

(二)过程的创造性

语文教育的创造是指发现实际存在物之间的联系及其价值。创造重在物质存在和精神存在之间的转化,在于想象、判断和推理,在于主客体及其各种感受之间的沟通。教育的价值在于发展和创新,语文教育是思想的活动和对美及人类感情的接受。这种接受应该是自我生成性的。经过对实际存在物的感受、转变、多重解释,达到理解并最终实现意义的建构。

实践和创造是融为一体的,创造是在实践中的创造,实践也是在创造意义上的实践。把实践和创造联系在一起的是主体的精神自由。离开了主体的精神自由,实践和创造都将是不可能的事情。

五、语文教育过程的节律

过程的节律是语文教育中最具有实践意义的一个问题。语文教育的过程是通过节律展开的,过程的要素、特征和本质也是经由节律才能得以参与到过程中并在过程中体现的。我们从长度、环节、动力和中介四个方面来讨论语文教育过程的节律。

(一)过程的长度

语文教育过程的长度不是物理方面的时空,而是一种心理的时空。长度的标志是完成一个从物质存在到精神存在的转化以及主体间感受的沟通。要经过对实际存在物的接触、感受到理解和表达,从实际经验情境地感受到超越实际经验情境的探究和反思,这是一个人的精神不断壮大的历程。在具体的语文学习活动中,常常表现为从材料到观点再到表达出来的一个完整的过程,这个过程是语文教育的最基本的单位。无数的基本单位联结成为一个人精神生命的成长史。过程长度的压缩和删减是对语文教育及主体精神的压抑和扭曲。

(二)过程的环节

环节有两个层面上的意义:从历史的层面上说,语文教育要经过浪漫想象、精确分析和综合运用三个环节。儿童时期主要是对实际存在物的浪漫想象,指的是事物未以清晰的结构呈现,而以混沌的面目出现在学习者面前,学习是通过想象等浪漫的方式进行的。少年时期是对实际存在物的精确分析,即对浪漫阶段已经存在于头脑中的活跃而混乱的思想进行有序排列的阶段,同时,它需要不断地补充新的知识,以促进对原有知识的认识,对浪漫阶段的一般内容做出揭示和分析。所谓精确分析是相对于浪漫想象而言的,如果跟数理上的精确分析相比较,语文教育中的"精确分析"仍然是模糊的,这是因为它无法进行定量的分析。青年时期则应走向综合运用。再从共时的层面上看,语文教育必须经过感受、理解和运用这三个环节。无论历时层面还是共时层面,它们都绝不是各自独立、从一个环节跳到另一个环节的,而是交融和包含,它们之间是渐变式的关系。怀特海认为,每一堂课,每一门学科,甚至人的一生,都是由这三个阶段不断交错重叠着的,教育就应该是这样一种不断重复的循环周期。

(三)过程的动力

主客体之间的融合为什么是可能的?这个过程的动力是什么?从表面上来看是由于实际存在物的不同个性的相互作用,就像温度的传递和水的流动。更深层的原因则在主体:主体的欲望,认识事物的天性,但更重要的是在这个基础上以历史文化培育出来的主体精神,其核心的因素是理想和信仰。主体精神把分散的实际存在物统一于一个有机体内,并以自己的光照发现实际存在物的本性——从物质存在到精神存在的转化。

(四)过程的中介

中介是一种实际存在向另一种实际存在转化的中介,具有联结和沟通的功能。中介普遍地存在于无数的实际存在物之间,把世界联结成为一个系统或整体。失去中介的世界将是零碎的,甚至可以说,完全离开中介的实际存在物是没有意义的。语文教育过程的中介是语言,它把物质存在和精神存在联系在一起。与物理性的中介相比,语言中介具有二重性,它除了具有联结和沟通的作用以外,它本身还具有极大的潜能,它自身就是物质存在和精神存在相结合的产物。在物质存在和精神存在的联结中,它还发挥着促进、转化的重要作用,而物理性的中介是仅有传导而没有转化功能的。

语言是天地万物的言说,万物以语言的方式向主体敞开,而主体也是以语言的方式来感受万物的。语言是有生命的,语文教育过程的转化表现为语言的流动。语言的转化功能还有更进一步的意义,就是实现实体存在物和概念存在物的转换。在这个意义上,语言不仅是语文教育过程的中介,它还是语文教育过程的材料和动力。

虽然说是世界存在于语言中,人存在于语言中,但语文教育的终极境界还是要超越,要达到物质和精神、个体和世界、躯体和心灵的高度统一。

第三节　大学语文教育的五步教学法

大学语文教育是认识过程、心理过程、社会化过程的运动系统。它除了具有生态系统一般的整体性等结构特征外,还具有自身生态结构的独特性。大学语文教育应当根据其生态结构的内在特征,充分发挥文字、文化、存在、生命四个生态圈的结构功能,采用"五步教学法"。每个教师可以依据自身的条件和能力,针对不同的教学内容,自主创造适合自己实际情况的教学方法,但基本的程序应是遵循其内在结构的回环和上升。

大学语文教育要从文字开始,在文字教学的过程中,用文化知识拓展生命的领域,用文化精神建设生命的主体性。一个丰富、强健的生命观察、体验多样性的存在,才能建立起主体跟世界广泛而深刻地联系,从而能够直面人生,自觉地承担起改造社会的责任。这种认识、责任还要用流畅、完美的文字表达出来。语文教育的这个路径可以简明地表述为:文字—文化—生命—存在—文字。从文字开始再回到文字,这不是处于一个平面上的封闭的圆圈,而是呈现出螺旋式上升的态势。开始的文字是已经存在的别人的文字,而后面的文字则是包含自己的思想和感情的文字。把文字、文化、生命、存在和文字连接在一起的是听、说、读、写的语文活动。这四种语文活动是以显在的形式进行的,它们之间的紧密相连也构成一个循环不息的圆圈。这样,语文教育的路径可以简化为两个交叉渗透、循环往复的圆,圆的中心是一个渐渐成长起来的"人"。

一、要阅读和理解的文字

在阅读过程中,我们要把一串串的文字转换成鲜明的人生场景,再把人生场景转换成自己的人生经历。阅读理解文字首先要把文字一起交给五官,让它们感受文字的体温,让它们对文字所代表的事物的各种属性形成清晰的感觉。在这个基础上把自己的生活经验联系到语言文字上去,唯有经验过的、感觉到的才能更好地理解它。不论是建立起完整的意象,还是体味意象背后的意味,都离不开主体感同身受的深度参与和对话式的交流。阅读作为一种过程性的精神事件,要求读者亲身参与其中,亲身参与是指读者精神的"在场"状态。个体的生命体验能够使艺术形象具有生气勃勃的活力,同时,又借此实现对艺术形象的富有诗意的超越,实行向文本形而上的精神境界的推进。

二、由文字的阅读进入到文化的理解

由文字的阅读进入到文化的理解,实现与生命与文化精神的沟通。对文字的阅读和理解要向文化的底蕴挺进,寻找、感受和吸纳文字所建立的形象背后的文化精神。人类精神的根深深地植入厚重的文化传统,是文化使我们的精神站立起来。大学语文教育应当抵达我国传统文化的心源,只有到达这种境界,才能很好地理解人生和社会。对文化的理解最终要达到情与理、自我与社会、个体感受与历史文化的统一,从而促进人性的和谐发展。

三、用言语的力量创造更新生命

用言语的力量激励生命,在言语创造中更新生命。语文学习就是通过语言来认识世界和自我,在言语创造中更新生命。语文通常采用言语的艺术手段使日常生活陌生化,以此来激活人的感觉。一个人只有感觉敏锐并且积极参与和体验生活,他才能形成自己具有人类良知的思想,他才能成为直面人生苦难,体验着深渊并敢于进入深渊冒险的人。重新寻找生命的真正意义所在。大学语文教育的最高价值正在于此。

四、用文字歌唱生命并表达思想

用文字歌唱自己的生命,用文字表达自己的思想。大学语文教育最重要的环节是在经历了文字、文化、生命、存在几个阶段之后再回到文字。大学语文教育过程中的语言表达一般有两类：一类是基于人间道义的言说和自我确证，另一类是基于学科问题和职业角色的认知表达。前一类写作就是在文字中摸索，直至走到人类历史和社会现实的交汇点，并最终抵达宇宙存在的幽微之处。把自己的生命、语言的生命和我们生存的这个世界融为一体。后一类写作万万不可轻视。一个人最终是要走向社会从事一份职业的，他要依赖于此生存和发展，以此建立和世界的联系并确立自己的价值。他从业的技能是在大学时期开始形成的。每一种职业，每一种领域，都有一套自己的语言系统和言语规范，各种专业能力中都包含语言表达能力。大学语文教育的意义之一就在于在语言中认识、理解自己的专业，在言语表达的过程中养成专业技能，或者专业问题的语言表达本身就是一种专业技能。

在一个生生不息的生态系统中，各组分是依存、循环的关系，一种组分是吸取其他组分的营养而维持和发展生命力的。文字、文化、存在、生命在一个人的身上是综合的、交融的，语文整体的功能必得它们齐心协力才能完成。所以，我们在语文教育中要统筹兼顾，文字是船，文化是水，存在的世界是孕育力极其强大的母体，其他都是由这母体孕育而生。

第三章 大学语文课堂教学

第一节 大学语文课堂教学的特征

语文教学最根本的特征是它精神上的理想性和方式上的体验性。

当代心理学的研究则进一步证明,人的应然状态可能"对于拥有心理的人来讲,其特征恰恰是探索。探索之中包含着内在矛盾……去探索尚不存在、但毕竟还是可能的和对于主体只不过是目标而暂且尚未现实的东西……这就是任何一个有感觉,能思维的存在之物,这个主体生命活动的基本特点。探索的离奇之处就在它自身就兼含可能之物与现实之物"。以我为对象的意识是人所独具的。这种意识能将自我区分为作为主体的自我和作为客体的自我,且能够不断按"主体我"的要求——一种应然状态去改写、发展实然存在的"客体我"。当代人类学的研究表明,人是一种非特定化、未完成的存在物,从而它也从某一侧面表明了这种人性的两重性。正是这种非特定化和不确定性,使得人不停留于已经成为的样子,而是在自觉自为的活动中按照自己的要求去寻找适合自己的存在方式,追求新的规定性,不断地再创造自己。人的应然性存在说明人内在的具有自我发展的动因,表现为他对当下自我发展状况的不满与否定,对更高水平、更完善发展状态的期望与追求,以及实现这种种期望为"自我筹划"等。这种发展动因的"发展"可以在很大程度上预示人的发展的可能性。正如苏霍姆林斯基所说:"人的心灵深处总有一种把自己当作发现者、研究者、探索者的固有需要。"

因此,语文教学积极倡导的探究式具有深厚的人性根源,它是人类精神追求的理想方式,运用这样的方式必然使语文教学充满生命的活力。

语文的内容特别是那些优秀的文学作品,既是对人类生存的描述和回忆,更是对未来理想生活的展望。理想性是语文课的根基,对人类生活充满诗意般热情的想象是语文课的灵魂和永不衰竭的动力。

大学语文教学是一种具有情感体验、展现生命活力的感性化汉语教学。它不应该简单地诉诸概念的解释、句法的疏通、情节的分析、要点的归纳、主题的概括等。它应该是一个完整、健全的生命体,既时时闪耀着理性的独白,也处处洋溢着感性的挥洒;它当然需要适时的、理性的启发与诱导,但是,它更需要如春风化雨般的、感性的点燃与熏陶。我们的汉语教学,是应该以人的感性生命作为出发点和最终归宿的!因为语言本身就是人类心灵的歌唱,而汉语则是中华民族五千多年以来的生命呐喊。一个汉字、一句汉语、一首诗歌、一篇散文、一部小说……它们凝聚了多少我们民族的悲与喜的情感,承载了多少我们民族欢乐与哀伤的记忆!可见中华民族源远流长的文化,含义深刻;刚劲柔美的文字,无穷无尽。

每一个汉字、每一句汉语,都非常生动地指向生活本身、指向事件本身、指向人物本身,而这些人物、事件、情节又都是由一个个生动丰富的、充满感性的"象"所组成的。这也就意味着,我们的汉语课堂教学不能简单地进行概念的解释、逻辑的判断,而必须回到"象"中来,回到汉语言文字生命的活水源头!由"言"回到"象",目的在于探求与"言"相对的"意"。而这个"意"应该包含三个维度,或者说三层意思。其一是指"意象",即汉语言文字所呈现出来的融入了作者情意的画面;其二是指"意境",或称"情境",是由意象叠加和连续呈现而形成的一种特定的情绪氛围;其三则是指"意蕴",即作者通过"意象"和"意境"最终所要言说的意义,它是一种弦外之音,言外之意。只有"意的三重性"才能构成一个完整的、丰富的、独特的汉语言文字之"意",也只有实现这三重之"意"的探求,才是真正感性的汉语教学!

富有灵性的语文教学应当首先回归感性,唤醒我们心中原本那个活泼、有着丰富想象与敏锐感受的心灵,徜徉在语言的大路上,穿行于汉语的字里行间,去倾听来自汉语自身的心灵歌唱,我们会惊讶地发现,与我们最终相遇的,不仅仅是那一个个跳动的语言文字,更是一种鲜活丰富的生命情思,深沉悠远的文化精神。与汉语的每一次面对,是与一个个高贵灵魂的每一次促膝而谈;是一次次自我心灵的洗刷与涤荡;是一次次人生智慧的提升与激扬。教师引导学生把自己的一颗心沉潜于汉语的字里行间,去感受每一个汉字的内在情感与文化意蕴,从而去感发、提升自我生命活力与潜能的一个完整的教学过程。

回归感性应建立在"文本细读"的体验的基础上,诵文以求其气、立象以见其意、循情而探其本。

诵读能够帮助我们感受到语言文字中的声气、节奏和神韵,而这些又是作者生命情思与精神能量的外化,所以,诵读从根本上来说,是为了实现读者与作者之间生命能量的转化、生命精神的延承!在汉语教学中,最好的方式便是让汉语凭着自己的言语存在去说话,裹挟着自己的生命去体验,去直觉地、形象地、深情地感受每一个汉字的生命气息,从而实现你我交融一体的诗意对话,最终开掘出语言文字背后的价值取向、精神能量和文化传承,这就是"循情而探其本","本"就是一种深厚久远的文化,就是一个民族精神的血脉。汉语文教学会因为文化的延伸而走向深刻,变得厚重。

孟浩然《早寒江上有怀》有:"木落雁南渡","木落"传达出自古以来就有的"悲秋"情绪。从屈原到宋玉,到汉武帝,一直到与孟浩然同时代的陈子昂,他们面对北风劲吹,黄叶飘零,都曾经发出过深沉的人生悲慨。"袅袅兮秋风,洞庭波兮木叶下。""悲哉!秋之为气也,萧瑟兮草木摇落而变衰。""秋风起兮白云飞,草木黄落兮雁南归。""雁"的意蕴则可以追溯到《苏武传》中"鸿雁传书",后来魏文帝曹丕也写过"群燕辞归雁南翔,念君客游思断肠"凄婉的诗句。天上的雁可以自由自在地飞来飞去,而客居他乡的人却不能像鸿雁那样想回家便可以回家,所以这里又多了一重对故园的渴盼与向往。"木落雁南渡",就这么简单的五个字,虽然在语词的表层没有一个字言情,可在景物中却深隐着如此久远的文化,于是,当我们涵泳于其字里行间,便自然而然感受到一种深沉的文化力量扑面而来。

第二节　大学语文课堂教学的原则

语文课堂的教学原则既要符合一般的教学规律,又要体现出语文课堂的特殊性。语文课堂的特殊性决定于语文学科的特殊性和课堂认知活动的特殊性。语文学科的特殊性表现在语言的工具性和言语的人文性。课堂认知活动的特殊性在于认知对象的既定性和认知过程的可控性,而且教师的教学设计制约着认识活动的方向并影响它的质量。

一、大力弘扬人文精神的原则

现代社会要求公民具备良好的人文素养,具备创新精神。语文是最重要的交际工具,是人类文化的重要的组成部分。所以语文课应当而且能够承担起这项重要的任务。

从语文的运用上来看,阅读绝不仅仅是解词识字,其核心是通过语言来理解作品的内容,体验作者的感情,了解作者的思想,以提高我们的认识水平。作文也决不就是做个文字搬运工,而是运用语言把我们的思想感情表达出来,作文的过程是一个富有条理而且深刻有致的认识过程。听和说也一样,是借助有声语言来传递信息。再从语文教材来看,教材主要是由文质兼美的范文组成的。它们并不仅仅是一般的符号,而是蕴藏着巨大的信息量。从个体来说,它们是作者认知的记录和思想的成果;从整体上说,它们是文化,是民族文化无所不包、无所不至的体现。这种文化既是我们成长的沃土,也是我们要传承的血脉。

人文精神是一个流动开放的价值系统。在我国古代,它表现为一种道德理想主义,人们崇尚的是伦理层面的自我完善,追求中和仁爱的心理状态。到现代,在世界范围内人本主义又被提倡。三者各有长短,可以互补。

语文课堂上的人文精神,表现为自由的求真精神,自觉的发展意识和超越的价值意志。一个人应该具有独立自由的人格和求真的渴望,这既是生命的价值基础,也是社会进步的动力。自觉地发展意识是个人觉醒的标志,这意味着一种切实的负责和承担,生命会因此而沉实厚重。"人文"还意味着一种特殊的认识方法,人文方法不同于自然科学的实证方法,是一种以主体的体验、理解为基础的认识自然、社会和人生的方法。而"人文"的方法正是语文学习的重要方法。

语文课堂上的人文精神不是抽象的,它是具体的,往往在一个人、一件事上表现出来。所以,我们既要充分发掘课堂学习材料中所蕴含的人文精神,又要用主体的人文精神来观照学习材料的人文价值。这要求我们既要精心选择学习的材料,同时教师也要具有较高的人文素养。

如此,语文课堂应该是文与思,情与理的统一。从词句的解读入手,循文求意,披文入情,因文明理,一如钻木取火。这火光会照彻学生的心灵,给生长着的人性指明方向。所以,在语文课堂上,我们不能满足于抽象的逻辑推理,不能停留于文字的解读,还应该引来汨罗江的涛声,还应该让学生感受到孔乙己心底的无奈和悲凉,还应该和学生一起倾听人类艰难前进的脚步声……千古之幽思,九天之豪情,人间之至理,都一齐归纳课堂上。真正把语文课上成人文课,上成文化课。人文精神既是语文学习的目的,也是语文学习的动力。

弘扬人文精神,在教法上要重视通过阅读课文来引导学生进行自我评价,以提高其个人从课文激发思维能力的过程。思维发展的起点在于必须依靠每个人自己的努力,发挥自己的才智,针对课文的刺激组织相应的反应。教师的任务就是促使形成良好的相互作用,或更确切地说,是引导具体阅读者对具体作品产生更深层次的交流。

二、努力提高学生认识水平的原则

从静态来说,语文无非是人们认识自然、认识社会和人生的成果;从动态来说,语文就是这些认识的具体过程。从根本上决定语文水平高低的是人的认识水平。提高学生的认识能力和认识水平,是语文教学的重要目标。

语文的学习,尤其是在青年时代,应当和事物的学习联系起来,使我们对客观世界的认识和对语文的认识,即我们对事实的知识和我们表达事实的能力得以同步前进。因为我们是在形成人,不是形成"鹦鹉"。因此,努力提高学生的认识水平,既是培养人的需要,也是提高语文表达能力的需要。这是由语文的性质和功能决定的。

夸美纽斯为语文学习制定的规则是:学生应当受到训练,用文字去表达他所看到的一切事物,应当教他懂得他所使用的一切文字的意义。谁也不许谈论他所不懂的任何事物,他也不可在领悟任何事物的时候不能同时用文字去表达他的知识。因为凡是不能表达自己的心思的人就像一座雕像,凡是一味多嘴,而并不懂得自己所说的人就像一只鹦鹉。但我们要训练的是"人",要训练得越快越好,这个目的唯有语文教导和事实教导同时并进时才能达到。他还说:"悟性应该先在事物方面得到教导,然后再教它用语文去把它们表达出来;学生首先应当学会理解事物,然后再去记忆它们,在这两点经过训练之前,不可强调言语与笔墨的运用;一切语言通过实践去学比通过规则去学来得容易。"他甚至主张:"我们应该把那些专教文字,不能同时使人知道有用的事物的书籍,全部从学校排除出去"。只要我们想想语言是从哪里来的,语言栖身于何处,语言又最终要到哪里去,我们就不难理解学习语文的正确道路在哪里了。实际上,建构论者最强调的是语言运用的实际条件和限制。不存在纯粹的语言,因为在某些游戏的形式之外并没有什么可以被真正理解的陈述。任何语言都是在一定意义上"被应用"的,这一意义就是它在某种共同体中运作其功能。语言来自人们对事物的认识,语言存在于文学、历史、地理、经济等学科中,语言存在于人们现实世界的生活中。

一个人的认识水平是指对事物的分析判断,透过现象抓住本质的思维程度,它包括认识的能力和认识的结果。认识水平包括知、思、情三个要素。知即知识,是对事物存在状态了解的程度,是构成认识的基础。思即思考,是运用知识分析判断得出结论的能力,这是认识水平的核心。情即对认识对象的专注力,通常称为意志,这是认识的动力。要提高认识水平,就要不断学习新知识,扩大和深化认知的领域,在这个过程中要进行思维训练,发展思维能力,思维能力是一个人智力的主要标志。思维的方式主要有寻找因果联系的纵向思维,又有通过对比抓住事物特征的横向思维,还有全面分析、由表及里的辩证思维。

对课堂语文教学来说,认识水平表现在三个方面:一是识字解词求意的能力;二是对作者已经认识的对象感受、批判再认识的能力,以及对作者思维特征——表现为表达的艺术方法——领悟、认同和鉴赏的能力;三是对自然、社会和人生的观察和思考的能力。正所谓"世事洞明皆学问,人情练达即文章"。认识水平提高了,人才能是明白人,明白人读书为了做事才能不糊涂,不肤浅。

读万卷书,行万里路,是提高认识水平最好的方法,也就是要广见闻,多思考,勤实践。就语文课堂的教学来说,提高认识水平主要是多读,多思,多问。第一,多读,既要读得多,又要读得熟。读书广博,可以扩大眼界,增长见闻,积累间接实践的经验,所谓积学以储宝。读得熟才可悟出其中滋味,解透书中真义。"书读千遍,其义自见,谓读得熟,则不待解说,自晓其义也。"多读可以强记忆,开悟性,知情理。所以应该要求学生熟读背诵一些优秀诗文。第二,多思,只有思才能真正学到东西。孔子说:"学而不思则罔,思而不学则殆。"思才能透脱,才能把别人的文章化为自己的才学。思而不化是无用的表现。朱熹说:"大抵观书先须熟读,使其言皆若出于吾之口。继而精思,使其意皆若出于吾之心,然后可以有得尔。"他提倡:"读书要有三到,谓心到,眼到,口到。三到之中,心到最急。"心到就是思考,刨根问底,弄个明白。不仅要明白人家已经说了什么,还得明白自己想说些什么,自己想说的才是重要的。第三,多问,如果说解决问题是一种才干,那么发现问题则是一种智慧。应鼓励启发学生多问。发现问题是一个思维过程的起点,因而提出一个问题往往比解决一个问题还重要。学生在发现并提出高质量的问题的同时,必然伴随着分析综合、比较归纳、演绎推理等一系列思维活动。语文课堂上,教师更应该善于发问,通过问来引导、推动学生的思维向纵深发展。

三、切实加强语言历练的原则

加强语言历练是由语文的实践性决定的。对非语言专业的大学生来说,学习语文并不是学习关于语言的抽象理论,而要培养运用语言材料搜集信息表达自己认识活动的言语能力。这种能力,只有在运用语言的实践活动中才能形成。"一切语言通过实践去学比通过规则去学来得容易。"这是指的听、读、重读、抄写,用手、用舌头去模仿,在可能的范围以内,尽量时时这样去做。曾国藩也多次强调:要"专心读书,多作古文""时时作文,常常为之""看、读、写、作四者逐日无间""时文亦不必苦心孤诣去做,但常常作文"。因为"心常用则活,不用则窒;常用则细,不用则粗"。语文的历练已不仅是学习掌握语文工具的需要,还是在语文实践活动中锻炼心智的需要。

"学,觉悟也;习,鸟数飞也。"学习是一个循环往复,心灵不断觉悟的过程。在自然的一切作为里面,发展都是内发的。语文学习要追求意义,而有价值的意义不是外界强加的,是由心灵里面生发的。语文学习要形成能力,而能力是学生在反复的言语实践活动中顿悟、积淀而成的言语智慧。"正是在不断地言语实践中,人和语言的关系逐渐转换,人由被动地受言语支配转换到主动地支配言语,并由此产生控制言语,做言语主人的愿望。而主体意识的滋长,主体精神的健全,主体能力的提高,则使人的言语行为由'自在'向'自觉'发展,人的语文活动变为一种能动的活动。人因此完成了向'人'的跃升。"

语文历练,即语文实践活动,从广义上说是在生活世界中学习言语并将言语学习融于生活世界。具体到语文课堂来说,语文实践活动是借助语言材料的一种认识活动,一般表现为听、读、说、写四种形式。前面所说的弘扬人文精神和提高认识水平都要在语文历练中才能实现。

语文历练的主体是学生。读是学生的读,听、说是学生的听、说,写也是学生的写。历练是主体内部的心智活动。主体的感受、体验、领悟、共鸣、想象等一系列的心理活动是别人无法代替的。学生在言语活动中获得情绪的体验,这种情绪体验可以激发他们的思维,唤醒他们的主体意识,反过来觉醒了的主体意识又能提高言语的质量。教师只是在"或多或少地扩大学生原有的语言行为手段,即扩大学生原有的一套思维规则或思维方式"。他的任务在于使别人能够表达自己的意向,输出自己的信息。他不是教别人应该说什么,而是教别人怎样说。

语文历练是一种情境性的活动。传统认为:"语言是一个'语言的'语言学概念。它很少关心'适合性'这一概念,也不考虑语言行为对不同社会环境的反映方式。而现代语言教学的一个很大的优点是,它较多地从社会的角度来对待语言,并且重视语言在不同的社会环境中的交际功能问题。"交际都是在具体的情境中进行的。离开了特定的情境,没有对象,没有条件的言语很难发生。言语发送活动,实际上就是作者和说话人不断地适应语境,生成言语的过程。言语接受活动,实际上就是读者和听话人依据言语成品,不断地还原语境,理解语境时的过程。因此,语境既是言语交际过程中主要矛盾的焦点,也是言语交际过程中主要矛盾最终获得解决的前提条件。每一个具体的言语情境都包含着言语的对象、目的和动力三个要素。

语文课堂教学中教师应经常给学生提供言语的情境,促进言语活动的开展。其方法有三:一是接通生活的源头活水,把学生置身其中的有价值的生活焦点问题作为言语的话题;二是给学生提供能吸引他们的材料;三是在教材中文章思维的错节冲突处设疑,以疑启思。

语文历练终究还要落实到字词上。通过对比、揣摩领会文字运用的妙处。对词语的敏锐感是一个人语文水平的重要标志。可以对范文中重点语句反复品味,发掘其深厚意蕴;可以精心选择、锤炼词语来准确地表现自己的思想认识。我国"一字传神""一字生辉"的例子很多。用字之妙,乃心思之巧;手法之高超,乃见识之脱俗。

四、积极打通对话渠道的原则

语文教学应重视学生主体性的构建。所谓主体性,就是具有自由的人格、强烈的自我意识和高度的创造力,就是人所能意识到的潜能被充分地发掘出来。"人的主体性,并不是孤立的自然生成的,而是在和他人的相互关系的作用下产生的,是通过认识他人、理解他人来发现自己的。人是社会的存在物,人又是对象存在物。"语言是一种实践的、既为别人存在也为自己存在的现实的意识,人是在积极的言语过程中完成自我确证的。

知识来源于主体与客体之间的相互作用,即主体作用于客体的活动。思想即含义的诞生,并不是在某一意识内部,而是在两个意识的交汇点上。真知灼见是两个头脑的接触中撞出火花,这里的两个头脑既是两种思想观点,也指两种或多种质类相异的材料,把这些放在一个头脑中才会产生思想。

语文教学的"对话"就是作为学习主体的学生和作为客体的学习材料交流、碰撞,从而在主体内部产生出新意义的过程。"对话"使语文学习真正成为言语的实践活动。语文课堂的对话有多个参与者:教师、学生、课文、教材编写者以及潜藏在这个因素背后的自然、社会和人生。从根本上说,对话就是学生和整个世界的对话。课文是对话的凭借,教师是对话的桥梁。

语文课堂的对话者包括教师、学生与文本。他们共同参与对话,通过自己各自的经验与内涵,展现自己的存在与价值,实现自我与他人的提升与超越。以对话对象为依据,可将对话分为三类:一是"人与文本的对话",包括教师与文本的对话,学生与文本的对话。这是一种意义阐释性对话,是对文本的理解与阐释,它是教学中师生对话的前提之一;二是"师生对话",包括学生与教师的对话,学生与学生的对话。这是一种实践性对话,是在人与文本对话和个体经验基础上进行的合作性、建设性的意义生成过程;三是自我对话,这是一种反思性对话,是个体对自身内在经验和外在世界的反思。在反思、咀嚼、回味中,个体认识世界、认识自我从而确认存在,生成意义。在本质上,一切对话都不指向对话本身,也不指向他人或外部世界,而指向对话者自身。

在教师和学生之间的对话中,教师起启发和引导的作用,调动起学生思维的积极性,提供产生思维成果的有关材料和方法,意义的追问和获得是学生的任务。

教师和课文及教材编写者的对话,既要深入探求课文和教材中所蕴含的文化价值,更要重视省察获取文化价值的思维的路径和方法,这对学生来说是很有教育意义的。

学生和课文及教材编撰者的对话是课堂对话的主体。和课文的对话实际上是和课文作者的对话,"两个头脑在接触中撞击出火花"。和编撰者的对话往往是很隐蔽的,它表现为一种文化的选择。在这种对话中教师起着重要的作用。学生之间的对话起到一种激发的作用。和师生之间的对话相比,它的导向性功能比较弱,而反思性功能比较强。

不断地对话向主体提供不断的刺激,输送不断的思想材料和动力。多个对话者之间,多重对话之间相互碰撞,相互推动,相互补充,相互促进,不断进入新的精神境界。学生正是在这种对话中学习对话,学会对话。

课堂上学生的对话要以听、读、说、写四种形式进行。听主要是师生之间、同学之间的对话,读是学生和文本及作者之间的对话,说是学生和听者之间的对话,写是学生和特定对象之间的对话。在这些对话中,学生以生命的积累参与其中,语文活动成为心灵与心灵的交流,生命与生命的对话。我们所期待的学生的主体性便由此逐渐确立。

要进行对话,首先要有吸引学生的话题。设计话题,提供言语情境,是非常重要的。对课文,教师要设法让学生明了它产生的条件,也就是让学生和作者置于同一话语情境之中,学生联系自己的生活积累,才能准确地感受、理解课文,对话才可以进行。要做到这一点并非简单地介绍作者经历和时代背景所能奏效,而是要揭示出言语情境和言语作品之间的深刻的因果关系。生命的参与是对话的必要条件,也是动力的源泉。话语来源于生活,来源于真实新鲜的材料,来源于心灵深处的颤动。对话要特别重视学生的感悟。学生思维的过程是语文教学的重要目标。意义只能由对话者在对话过程中生成。学生作为对话者,一切只有融入他的视野,掺入他的思维活动,意义才能真正生成。只有通过学生的体验、感悟等一系列的思维活动,意义才可能诞生。感悟是精神生命在对话中碰撞出来的火花,是学生全身心投入的结果,是与他的"自我"反复对话的结果。对话教学特别注重通过读和写,通过讨论和研究而有所自得。

对话还要求建立起平等的师生关系,营造民主和谐的课堂气氛。教师工作中最重要的是要把我们的学生看作活生生的人。首先考虑的应该是教师跟学生之间的活生生的人的相互关系。对话要求平等。平等是教师对学生精神生命的尊重和保护。语文教师正是在和学生一道不畏艰难险阻的精神攀登中获得快乐的。我们知道,任何人都是有话可说的,任何人也都有倾诉的愿望,只要有了亲切的对象,有了一个宽松的环境,那么,他心中的所思所想会自然而然地流露出来。语文课堂上的话语的主动权一般来说是掌握在教师手里,所以,教师的态度是营造课堂气氛的关键。

五、潜心激发创造热情的原则

创造力是时代的当务之急,也是一个永恒的话题。一个民族或社会能否打开僵局开发前程,有赖于是否朝着创造的方向迈进。教育存在的意义绝不仅仅在于知识的传授,更在于创造力的培养。人们不断要求教育把所有人类意识的一切创造潜能都解放出来。

创造能力的核心是思考能力。世界各国的语文教学都将培养学生的思考能力,尤其是创造性思维能力置于突出的位置。重视学生思维能力的培养,这正是全面提升人的素质的需要,而创造性思维能力更是一个现代人生存和发展所必需的。语文学科因其自身的特殊性——长于感性思维,想象丰富,感情浓厚——对创造力的培养具有得天独厚的条件。语文教学中主要是培养学生言语创造的能力,或者说是在言语实践活动中发展学生的思维能力。创造或创造力是"无中生有"的"赋予存在"。这有两种情况,一是"特殊才能的创造,指科学家、发明家、作家、艺术家的创造,其创造成果对人类来说是前所未有的"。另一种是"自我实现的创造",指在开发人的可能性、自我潜在能力意义上的创造,其创造结果对人类来说或对他人来说可能并不新,但对他自己来说却是前所未有的。学生的创造绝大多数是"自我实现的创造",而语文学习中的创造往往是两种创造的结合,因为言语是独立的个性化的思维活动,一个人的感悟是不可能跟别人雷同的。比如阅读,他潜入文本,能进行生命深层的交流,其所思所想的对话结果就是个人的独创。任何有价值的阅读都是一种再创造。再如写作,所有的写作都是创造性的,所有的写作都包含一种新的表达的"起源、发展、形成"的过程,即使你使用的是"旧"思想和第二手材料,你也为它们创造着一种新的而且是唯一的表达方式。你产生出一些完全新的,一些认真的,完全表达出你的性格和才能的东西。除思考力以外,感情和意志的,知识和事实等,也是形成创造力的重要因素。

教育既有培养创造精神的力量,也有压抑创造精神的力量。教育在这个范围内有它复杂的任务。这些任务有:保持一个人的首创精神和创造力量而不放弃把他放在真实生活中的需要;传递文化而不用现成的模式去压抑他;鼓励他发挥天才、能力和个人的表达方式,而不助长他的个人主义;密切注意每一个人的独特性,而不忽视创造也是一种集体活动。这些都是我们培养学生创造力时所应该遵守的。

在实施这项原则时,教师起着决定性的作用。一个思维活跃,创造能力强的教师,可以给学生做出表率,可以提供思考的材料和方法,可以营造一个良好的环境,从而点燃学生创造的热情,获得创造的成果。

创造力源于生命的活力,即敏锐的感悟能力、深刻的思考能力和流畅的表达能力。所以,要把语文学习真正作为生命的活动来对待。在阅读中,把学生的思维和作者的思维对接、交流、碰撞,产生出属于自己的认识成果,并把它表达出来。对阅读的材料要进行质的分类,通过对比、分析、综合和批判来锻炼思维能力。听和说的活动是要经常开展的,形式的多样,话题的引人入胜,参与的积极深入,成果的展示和交流,正是孕育创造力的良好的途径。作文要真正置身于生活的焦点和思维的旋涡之中,真正处于对话的心理状态,这样的写作过程,才是运用语言的创造的过程。

第三节　大学语文课堂教学的艺术

一、语文教学方法的本质及多样性

在高校课堂上,大多数情况下并不是教师将自己的研究成果在课堂上发布，而是将学术精神、创造思维、研究方法等融入教学过程之中，是"生产"和"推销"的合二而一，是前人的知识生成过程的高效率的再现，是知识的发现者、知识的传授者和知识的接受者三者的"相遇"，是学生的再创造，是师生智慧的展现。高校课堂不仅是知识的交易所，还应该是知识的产房。它的目标不仅是培养学生的创造能力，还要让学生在学习过程中得到人格养成和精神升华。课堂教学是通过教师与学生结成的情境在真实的实践共同体内展开的。教师在教学的过程中组织、带动学生发现知识，解决问题，培养学生创造的能力和勇气，进而追求自主的发现和创造。在课堂教学的过程中师生主体精神高扬，充分显示出人的创造的本质力量。

语文课程中大量有价值的隐性知识要靠学习主体通过体察、感悟和实践，在自我发现并解决问题的过程中获得；在语文素养诵读和表达的过程中习得；在运用语言解决问题的实践情境中逐步感悟、积累，在反复主动的实践中获得。这必须依靠学习主体的切身体验，使独立于个体的外在的语文知识转化为个体内在的思维与信念，进而凝聚、升华为人生的能力和智慧。因此，大学语文教学应当具有传承、孕育和养成等多种含义和功能。语文教师要善于设置各种问题情境，把独立于个体经验的静止、现在的语文知识与学生的创造活动结合起来，让学生充分展现和经历其中的思维活动——不仅包括从起点到结果的完整的思维轨迹，还包含价值的期待和精神的指向。这是一个发现、生成和表达的过程。

教师要结合不同专业的特点，因专业制宜，调整大学语文教学的重点。如在旅游管理专业授课中，大学语文应注重游记文学、历史风物等相关内容的解读，加强口语表达能力训练，为学生从事导游等相关职业服务；在艺术设计专业授课中，大学语文应注重中华传统文化解读，加强学生审美能力培养，为学生从事设计类职业服务；在学前教育专业授课中，大学语文应注重文学作品的鉴赏教学，鼓励学生上台发言交流，甚至让学生自主讲解一篇文章，加强学生鉴赏能力和教学基本功的培养，为学生从事幼儿教育职业服务。

各专业的大学语文教学都应运用启发式和探究式，教学的过程跟学术研究一样,都要经过问题的选择、查找与问题相关的资源、确定解决问题的方案、实施解决方案,并对得到的结果进行分析和反思。知识的教学、实践性的教学和综合学习,虽然各有特点,但性质是一样的,都应当结合情境认识、理解和解决问题,都包含着一种创造因素。即有价值的问题、完整的过程、成果的生成和清晰的表达。这并不是"传授"一个结果,更重要的是"传授"一种过程和方法,生成一种智能。

语文课适应于角色扮演、分组讨论、影视欣赏等教学方法,不断激励学生进行思考和交流沟通能力的训练。教学中注重引入"社会热点问题探讨"和"热点人物讨论"等教学环节,引导学生关心国家、社会和人生,培养爱国主义情怀。注重因材施教,鼓励撰写调研报告和科研小论文,指导学生参加社会实践,培养科学研究的意识、习惯和能力。

充分利用现代技术制作教学课件,借助电子邮件、QQ与学生课外交流。课文讲解与人文讲座相结合,系统教学与专题讲座相互促进。在以教材为主系统讲解本课程的同时,开设人文讲坛,以专题讲座形式拓宽学生学习途径,从而促进本课程的学习。注重教学内容的拓展及延伸,形成相关的系列课程。教学评价的重心由关注学生对书本知识掌握的熟练和牢固程度向灵活地运用知识、掌握基本的学习方法、培养创新意识和实践能力转移。建立单项评价和综合评价相结合,形成性评价和结果性评价相结合,教师评价和学生的自主评价相结合的教学评价体系。

二、语文教育的艺术在于过程和方法

过程和方法不仅是实现目标的途径,还直接决定着目标的质量。语文教育在本质上是学生自我建构的过程,语文教育的艺术就是调动起学生的能动性,推进建构的进程。这个过程要经由学生的感悟和想象、思考和表达。所以教师首先要提供感悟的对象,然后是刺激想象的起飞,再次是启发思考,最后是推动表达。学生感悟认知对象,想象、思考和表达对象,都有一个角度、方向和路线的问题,这就是方法要解决的问题,就是主体以什么样的姿态和客体以及其他主体建立起深刻而又广泛的联系。

知识只有在由具体的方法组成的过程中才能转化为信息和能力,信息和能力只有在运用的过程中才能形成智慧。情感、态度和价值观,是从主体内部生长起来的,外部的输入只有经过主体的内化跟主体的生命融为一体才有意义,内化也是在过程中发生和完成的。

语文教育方法的本质是思维的方式,思维的方式决定于事物发展的规律。所以,正确的方法是认识事物、实现目标的前提。夸美纽斯把它叫作"秩序"。他说:"秩序是把一切事物教给一切人们的教学原则的主导原则。"那么,语文教育的秩序或者正确的方法是怎样的呢?夸美纽斯认为,要"先预备材料,再给它形状"。

语文教育要"从小心地选择材料开始"。选择的材料应当适合学习者的心理特征。在语文教育中,有价值的材料是重要的。语言不会凭空产生,语文也不能无所依傍地凭空运转。为学生选择有趣、有用的、合适的材料是语文教育的第一步。

材料的来源有两个:一是自己亲自去认识事物,二是阅读优秀的语言作品。一方面,认识事物对语文学习极其重要。语文的学习,尤其是在青年时代,应当和事物的学习联系起来,使我们对于客观世界的认识和对语文的认识,即我们对事实的知识和我们表达事实的能力得以同步前进。悟性应该先在事物方面得到教导,然后再教它用语文去把它们表达出来。对事物的知识是语文表达的内容,语言的运用只不过是一种形式,离开了内容,形式将不复存在。而且学生在认识事物的过程中可以提高智力,变得聪慧、敏锐。事物不仅是指自然界的存在,还包括事件、各种社会现象以及人自身。另一方面,一切语文都不要从文法去学习,要从合适的作家去学习。文法只能供给形式,即关于字的组成、次序和结合的法则。学生是学习运用语言而不是研究语言,完整细微的语文知识不是很重要,没有一个人单靠规则精通任何语言。文法、规则是抽象、枯燥和消极的,学习语文,应多读优秀作家的合适的作品,反复揣摩,学习运用。通过实践,即使没有教诲,精通也是可能的。优秀的作品就是运用语言的榜样,榜样的作用远远胜过教诲。而且作品中的认识、思想、感情都具有多方面的启迪和推动作用,它是鲜活的、富有生机的。

所以,识字应当和认识事物结合起来,阅读与写作练习应当结合在一起。学生可以在学习的教材上面去充分运用他们的能力。认识、理解和表达应该是一体化的。任何一个语文教育活动都要产生出一个结果来。语文教育具有广泛而深刻的综合性。

语文教育的过程是体验、理解和应用。存在是过程性的存在。如果没有过程,一切事物的存在都是不可思议的。语文教育尤其重视教育的过程。方法只有在过程中才能运用,语文教育的目标也只有在过程中才能实现,或者说,方法和目标都成了教育过程的重要因素。夸美纽斯对语文教育过程提出了不少卓越的主张,比较重要的是他对教育过程三阶段的描述,即体验、理解和运用。

体验就是以身体之,以心验之。体验是人获取知识、产生情感、形成思想的门户。对语文学科来说,一切知识都是从感官的知觉开始的。存在心里面的事情没有不先存在感觉里面的,所以心智所用的一切思维材料全是从感觉得来的。

体验是理解的前提,理解是体验的深化,是从感性走向理性的关键环节。理解包括三个要素:一是接触实际,明了真实的存在;二是把握事物的本性,从事物的原因去解释事物;三是寻找事物之间的联系,促进运用。要获得对事物的真正理解,就要开启悟性,独立思考。语文教育不仅要鼓励、引导学生用他们自己的眼睛去看,用自己的耳朵去听,更要鼓励、引导学生动脑筋去想,进而形成自己的观点。这样才能有助于自身的发展。所以,学生不单只阅读别人的见解,把握它们的意义,或把它们记在记忆里面,再把它们背诵出来而已,还要亲自探求万事的根源,获得一种真能了解、真能利用所学的事物的习惯。了解了事物,弄清了事物的根源,形成了自己的真知灼见,那么,语文学习也才具有了生命,拥有了灵魂。

运用可以帮助理解,运用可以培养技能,运用是一切教育的最终目的。运用就要把知识转化成自己所理解的东西,运用总是在实际接触过程中的运用。运用的动力是主体的思考力,运用总是要形成自己的意见。为了得到有用的知识,我们必须研究事物本身,发出我们自己的声音。这样,对学生来说,在语文学习的过程中不仅形成了语文材料,而且也形成了"我们自己"。

第四节　大学语文课堂教学评价

　　大学语文课堂评价标准应体现大学语文课程本身的特点,语文课堂评价的核心内容应是语文的能力。语文学科是所有学科中比较特殊的学科,大学语文课程又是这一学科比较特殊的一个阶段。大学语文课堂教学评价应充分考虑这一学科在这一阶段的特点,突出个性,制定出更加适合本课程特点的课堂评价标准。评价的根本标准是看课堂教学能不能提升学生的人文精神,发展学生的语文能力。课程教师介绍一些学科前沿理论、对文本做多元化解读时的方法如何评价,要看这些方法能否扩展学生的文化视野,激发学生的思维。语文课堂上要不要放相关电影、电视、文化专题片视频,这要看这种方式能不能发展学生的语文能力。大学语文的本质是通过言语认识世界,熟练地运用语言表达自己对世界的认识。所以,思想认识水平和言语活动效率是评价一切语文课堂教学的最高的标尺。

一、大学语文课堂教学评价内容

　　大学语文教学评价的内容极为复杂,就像它的学科定位一样存在许多分歧,不同的语文教学理念看重的教学内容并不一致。但是,以下几个方面的内容大约是能够取得共识的。

　　第一,教学思想。努力发挥学生主体作用,积极引导学生主动探究,重视学生的思想提升和能力培养,致力于全面提升学生的语文素养。

　　第二,教学目标。目标具体、明确,能够面向全体学生,符合大学语文课程标准的要求,注重语文的应用与拓展。

　　第三,教学内容。能够体现大学语文学科的本质,在言语历练中把语文的功能和学生的发展紧密结合起来。

　　第四,教学过程。教学思路清晰,层次分明,注重语文的思考与领悟;课堂气氛活跃,体现学生的主体地位;教学组织灵活有效。

　　第五,教学方法。运用启发式,注重引导学生体验和探索;因材施教,符合学生的认知规律和心理特点。

第六,教师素质。语言生动形象,清晰典雅;思想犀利,富有激情,对言语有敏锐的感受与鉴赏能力。

二、大学语文课堂教学评价主体

大学语文课堂评价的主体跟其他学科的评价主体一样具有多元化的特点,学校教学管理人员、语文教育专家、同行和学生,甚至社会业界成功人士,都可以做大学语文课堂教学的评价者,他们都能从自己的职业或者语文学科的角度对教学效果做出自己的评价。他们评价的侧重点和结论虽然会有很多差异,但对语文教学的管理和反思都会有促进作用。最全面、最理想的评价主体应是这几类评价者的优化组合。只有"教、学、管"几方面共同参与的教学评价,才能使教师更深切地体验到教学中的成败得失,才能使他们自觉地进行自我调节并做出主动的努力,不断改进教学工作,实现课堂教学评价的最终目的。目前,大学只采用学生或者其他一方的评价意见来衡量课堂教学效果的做法是偏颇的,这样的评价往往不被教师接受。

三、大学语文课堂教学评价标准

任何教学真正的有意义的评价标准只有一个,那就是学生的学习效果。教学的评价似乎不大讲究动机与效果的统一。这对教师来说是很苛刻的,然而现实从来就是这样残酷。学生是教师的镜子,社会对教师的评价不是看"真实"的你,而是看镜子里的你。从学生学习的过程及效果来衡量一个教师的教学水准往往是准确的。在语文学习中,通常是从以下几个方面来考查学生的。

第一,学生参与的程度高。积极自信,主动投入,善于倾听,乐于表达。

第二,学习过程中的创造性强。善于思考,勇于质疑,掌握语文学习的方法,能够独立思考。

第三,学生学习的效果明显。课堂读写兴趣浓厚,能够快速形成读写作品,语文能力得到提高。

四、大学语文课堂教学评价原则

发展性原则。大学语文课堂评价的作用在于语文教学,而不是区分学生的优劣和简单地判断答案的对错。语文课堂评价要促进学生发展,促进教师的发展,不能只对学生的学习情况、教师教的情况做简单的好坏之分,在于强调其形成性作用,注重发展功能。一次评价不仅是对一段活动的总结,更是下一段活动的起点、向导和动力。

第一,学生中心原则。评价的主体和对象应是学生。所有评价活动的宗旨在于促进学生进一步有效学习的进行,避免没有方向和低质量的评价。

第二,评导相结合的原则。课堂教学评价的目的是改进课堂教学,提高课堂教学效益。因此,评价要和指导相结合,把评价的结果上升到理论高度来认识,从评价对象的实际出发,提出改进意见和努力方向。评价要注意因人而异、因课而异。

第三,性量相结合的原则。由于课堂教学质量牵涉的问题较多,且许多问题难以量化,因此,课堂教学评价一般以抓住评价的主要指标进行定性评价为主。但如果在评价过程中适当结合定量分析,则更有利于提高评价的准确性和说服力。比如,师生活动时间的统计,学生发言、质疑次数的统计,学生朗读、默读次数、时间的统计等,对分析教师的教育教学观念和对语文学科教学特点的把握等都有重要的参考价值。所以,课堂教学评价应以定性评价为主,定性和定量相结合。

五、大学语文课堂教学评价方法

对教师教学评价可以运用调查表或评价量表,并结合概括性问题,采用课堂观察同师生调查相结合的方法对课堂教学进行评价。课堂观察法是课堂教学评价中最常用、最基本的方法。评价人员在上课前进入教室,在整个教学过程中,对教师的教和学生的学进行有重点的观察、记录,课后进行分析,提出指导意见,指出可供选择的改进做法等。在评价过程中,一般采用记录表的方式对要重点评价的方面,如教学目标、教学设计、教学方法和手段、教学效率、学生参与情况等进行记录,然后分析、阐述这节课的得失。

调查法包括教师访谈和学生座谈。教师访谈和学生座谈,即用概括性的问题对课堂观察进行补充。在对教师访谈开始之前应把访谈提纲发给任课教师,并且向教师说明访谈的目的。提纲可以起到提示的作用,使访谈紧扣主题;也可以让教师对访谈的主题有大致的了解,使教师有心理准备。问卷调查可以采用调查表和概括性问题相结合的方式进行,由教师本人、学生等根据他们对课堂教学过程和效果的主观印象来填写和回答。调查表用来调查常规性问题,而概括性问题反映的内容则较为抽象概括。教师自评的内容可以包括:基本教学能力,教学过程中的创新,对教学内容的熟悉程度,是否注重学法培养,课堂气氛,学生参与的积极性等;学生问卷的内容可以包括对自己掌握情况的反馈,对教师行为的评价,对教师行为的建议等。问卷调查一般在课堂教学结束后进行。这就需要评价者全面了解教师的情况,做出准确的判断。

学生是语文学习的主人,评价语文教师的信息资料在很大程度上来源于学生。对学生的评价是语文教学评价体系的核心。对学生语文学习评价的基本方法应该是正确的观察和科学的推断,其次才是以各种考试、考查出现的测验法以及师生共用的调查法。程序性知识分动作技能和心智技能两部分,其测量方法是观察学习者的表现;心智技能是运用语言文字及其规律进行理解和表达的内潜性的行为,其测量的方法主要是依据学习者的行为表现,对其能力进行推测和评断。认知策略是语文学习者对其学习技术和方法自身的认知和运用,其测量的方法只能通过对学习者的各种学习活动中的行为表现及其结果进行分析,从中推断出所使用的策略,并对策略的运用进行评判。情感和态度指的是从课文中学习做人处事的价值标准,其测量的方法是通过观察学习者的行为表现,推断他们所选择的价值标准。测验法是借助预先设计的试题、作业或特定情境,通过评价对象的言语和非言语的反应行为的间接推断而获得量化的评价资料的方法。测验法可分为试题测验和情境测验两大类。试题测验是以试题、论题、作业和课题的方式来进行,情境测试则是通过创设特定的生活场景,借助学生在该场景下的行为反应而进行。

六、大学语文课堂评价需注意的问题

鉴于大学语文课堂教学评价的复杂性,有必要再对一些问题作进一步说明。

(一)评价态度的整体观

每一堂课都是有多种教学元素组成的运动过程,是一个不可分割也不能独立观察、测评的有机体。针对整个课堂的元素,教学目标类似文章的中心,教学内容和教学过程类似文章的段落和层次,教学内容的安排和教学过程的推进是否围绕教学目标展开就类似文章的段落和层次是否围绕文章的中心展开。教学方法类似文章的表现手法,教学语言类似文章的语言表达,二者的作用类似表现手法和行文语言对文章中心的作用,是否很好地表达了要表达的内容,是否引起了学生学习阅读的浓厚兴趣等。板书和多媒体的作用则类似文章的摘记和插图,是教学的辅助手段,始终不能喧宾夺主。评价者若能做到这种整体类比,就会在很短的时间内从整体上把握一堂课的优劣,而不至于进入评价细化标准而走不出来。"在大学语文课堂评价量化表实施过程中,除了需要具有课堂整体评价思想外,还必须关注教学流程中教与学的质性体现,在定量的同时重视定性。"

(二)评价内容的个性化

语文是一门具有综合性和实践性的文化课,它的两个核心要素是人文性和工具性,而且这两个要素是在言语活动中统一起来的。评价内容的个性化就是要紧紧抓住语文学科的这个根本特征,看大学语文课堂是否担负起学生精神成长指引者的重任,使得学生在大学语文课堂上实现了其精神成长的飞跃;看教师是否注重向学生传达一种学习的方法和学习的态度;广涉博览,注重实证,在研究的过程中掌握探索的方法,养成用于探索的科学精神;看大学语文课堂是否承担起传播人类文化精髓的任务。

(三)评价指标的具体化

评价指标的具体化有利于对教师教学行为的督导,从而实现教学评价的价值,而不是流于一种定性的工具。大学语文教学的内容广博,不同的内容性质不同,诗歌的欣赏和实用文体的写作,教学内容的组织和教学手法的选用有很大差别。即使同是阅读教学,叙事文本和抒情文本的教学目标也并不相同,传授一种知识和训练一种方法的教学途径差异更大。讲诗歌就要有诗情画意,讲小说就要讲究情节的起伏,要剖析人物的性格、抓住人物的命运。所以,大学语文课堂教学的评价不能简单化和笼统化。

(四)评价方式的动态化

对一位教师的大学语文课堂评价应当是个动态的过程,不能以一堂课的表现论英雄。这是对教师应有的负责的态度。动态化包括三个方面的内容:一是在不同的时段观察课堂教学,看教师教学水平的变化,全面考察教师的教学态度和教学水平;二是以不同的方式测评学生的学习效果,看学生语文学习兴趣和学习成绩的变化;三是对教师不同教学内容和采用不同教学方法的考察,看教师学养和教法的长处与不足。

第四章　大学语文课堂优化体系

第一节　语文课堂优化的基本规律

一、课堂优化要注重过程学习

当代教学论认为,学习是一个过程,教学要注重过程学习。这一教学思想表现在课堂上则以学生为主体、教师为主导,充分发挥学生学习的主动性、灵活性和创造性,使他们积极参与探索知识的过程,能动地获取知识。这种过程不仅是获得正确的答案和结论,更重要的是提供给学生一种自我探索、自我思考、自我表现和自我创造的实际机会,使学生能进行学习的自我体验,心理得到最好的发展,从而增强自我意识,并学会学习和创造。语文教学尤需注重过程,其理由如下所示。

第一,从语文课设置的目标来看,语文教学是一个训练学生语文能力的过程。语文课的基本目标是培养学生读、写、听、说的能力。而能力都是在应用知识的实践过程中逐渐形成的。只有将语文教学作为学生言语活动的实践练习的过程,才能有效实现语文教学的目标。

第二,从语文学习的心理来说,语文学习是学习主体复杂的智能操作过程。这主要是因为语言与思维关系密切,语言是思维的物质外壳,思维是语言的精神内核。学习语文,不管是理解语言还是运用语言,学习主体必须进行一系列复杂的形象思维和逻辑思维活动。学生只有经历了主动、积极的思维过程,才能保证语文学习富有成效。

第三,从语文学习的特点来看,语文学习是学习主体凭借自己的生活经验和审美情趣参与言语认识的过程。理解语言和运用语言都要凭借自己的生活经验和审美情趣来进行。而学生的生活经验和审美情趣是千差万别的,各有千秋。只有让学生在学习过程中充分调动自己的个性心理理解语言、运用语言,语文教学的优化才可能落实。

语文教学注重过程,就是要把学习知识的过程与探索过程结合起来,让学生自觉地发现、研究问题,在教师的启发下独立完成认识过程,获得科学认识问题的途径及方法。注重学习过程的关键在于坚持学生是学习和发展的主体,坚持教师主导作用与学生主体作用相结合,一切教学活动的组织都应该以有利于开展语文学习过程为出发点,帮助学生在生动活泼的学习过程中发展。在具体的教学中,应该让学生处于探索者的主体地位,有机会和条件发现问题和分析、解决问题。

例如,有教师把阅读教学的过程分为三个阶段。①初读激疑、自我探究阶段:教师可根据学生实际和教材内容,引导学生围绕某些方面思考和提出问题。②精读释疑、理解深究阶段:学生初读时提出的属本课学习重点的问题,可引导学生共同解决;学生没有提出的重点问题,教师则提出,然后引导学生带着问题细读课文,深入探究解决。③熟悉总结、实践应用阶段:让学生在熟读课文过程中总结规律,并用以实践、探索。这三个阶段是在教师的引导下,让学生探索问题的完整过程。它既可让学生学好语文知识,深入理解课文,直接收到学习效果;又提供了机会和条件,让学生处于探索者的主体地位,在探索过程中获得发现和分析、解决问题的途径、方法,使心理得到发展。

二、发挥语文教材的范例功能

语文教材有诸多功能,如训练功能、审美功能、人文教育功能等。而语文教材最突出的特点是范例性。语文学科的教材与其他学科的教材不同,其他学科的教材的主体即课文,主要是阐述该学科的知识,由概念、定理、定律和例证等逻辑序列构成。

语文教材的主体部分是文章或文学作品等言语材料,这些言语材料是语文知识的综合运用形式,只在印证语文知识,做学习语文知识和训练读、写、听、说能力的范例,语文教材的这种特点,决定了它的功能主要在范例作用上。语文教材的这种范例性表明优化语文教学过程必须凭借教材充分发挥它的范例功能。发挥教材范例功能的关键是深挖课文的智能因素特别是创造性因素,并实现它的训练价值。必须看到,语文教材的课文是作者经过一系列复杂的智能操作写成的,其中蕴含着极为丰富的智力因素和语文技能因素,课文所具有的范例功能,主要就是这些因素对学生学习语文和发展心理所产生的积极影响。优化语文教学就必须重视这些因素对培养学生语文能力、发展学生智力方面的教学价值,应将课文的这些因素充分发掘出来,以之作为学习语文的示范。

　　事实上,课文中蕴含的智能因素很多,隐藏着丰富的、极有教学价值的智能资源,就智力因素而言,有观察、思维、联想、想象、记忆等。再究下面的层次及其具体表现,难以穷尽。例如,以思维的智力品质而言,它又表现为广阔性、灵活性、深刻性、独创性、准确性、严密性、条理性等。就语文技能因素而言,有遣词用语、立意选材、谋篇布局、写作技法等。这些因素都可以用作训练示范,凭借它们培养学生的语文能力,发展学生的智力。必须看到的是,课文的智能因素是作者写作时进行言语操作所反映的心理特征,这些特征存在于语言文字系统中。

　　语文教学要发挥课文智能因素的训练价值,必须引导学生深入地揣摩、领会课文的语言,让学生与作者角色换位,"经历"和还原作者构思行文的心理操作过程,从中得到领悟和启发,获得同化和发展。例如茅以升的《中国石拱桥》一文的语言准确、严密,这是作者思维准确、严密的智力品质和纯熟语言功底的表现。这就大有价值可利用。该文写赵州桥的结构有一句话:"大拱的两肩上各有两个小拱。"这句话仅有 12 个字,用"两肩""各"等词语准确、严密地说明了小拱的位置和数量。教师可以在黑板上画一个赵州桥的简笔画图,让学生不看书,用自己的一句话表述小拱的位置和数量,并按自己的理解在纸上画出来。然后,再让学生打开书,看作者是如何表述的,并对照自己的表述领会"两肩"和"各"用词的准确、严密。这实际上是利用课文对学生进行语言和思维的准确性、严密性训练。

现行全国通用语文教材中的课文都是优秀的文章或文学作品,它们是作者精心创造的结果,从谋篇布局到行文用语,处处都留有作者创造性智能运作的痕迹。语文教学尤其应该深入挖掘课文含有的创造性的智能因素,用以训练学生。事实上,只要循着作者智能操作的轨迹,就不难发现课文的创造性智能教育因素。

三、课堂优化促进积极的学习迁移

"为迁移而教"是时代对教学的要求。迁移是一种学习对另一种学习的影响,有积极和消极之分。积极迁移简称"迁移",是学习主体在学习过程中通过积极思索,发现两种学习内容在知识、技能、方法等方面的联系,从而利用这些联系去发现、掌握新知识、新技能。一切有意义的学习,必然包含着迁移。教学的目标不仅要传授知识,而且要在传授知识的同时,发展学生的智力,使他们具备自学的能力。可以说,学生学习迁移的效果是检验教学是否达到这种目标的最可靠的指标。

对语文教学来说,迁移学习训练是发展学生自学能力进而实现创造的必要途径,优化语文教学便应努力促进学生积极的学习迁移。按照认知心理学的观点,迁移是学生的习得经验和已有的认知结构以及心理品质同化、类化新知从而解决问题的过程,包含着许多可循的心理规律。要让学生实现有效的语文学习迁移,发展他们的自学能力和创造性解决问题的能力,教师应该帮助他们懂得迁移的规律,掌握语文迁移的途径。迁移的途径主要有以下几种:

第一,统摄。这是将几个已知概念或命题同化于一个概括层次更高的概念或命题的认知。这种迁移的关键是要通过比较,找出已知中的共同属性,统摄于具有概括属性的概念或命题中。例如,要求把荀子的《劝学》中的两组排比句"登高而招,臂非加长也,而见者远;顺风而呼,声非加疾也,而闻者彰。假舆马者,非利足也,而致千里;假舟楫者,非能水也,而绝江河"抽象概括成一般的推理句,便需要比较四个特殊的事例,从中找出了"本身条件非异,凡善假物者,就能获得好效果"这一共同本质,就实现了认知同化。

第二，演化。这是已知概念、命题对其特征或例证的概念、命题的同化。例如，让学生掌握倒叙、插叙的特征，要求他们辨析某篇课文的叙述方式，学生发现这篇课文在叙述方式上具有这种特征，便将已有的知识演化即可解决问题。演化迁移的关键是要辨识未知与已知的共同特征，并将已知在问题情境中具体化。

第三，归联。这是具有高概括层次的概念或命题对下一层次的新概念、新命题的类化。例如，学生具备语境意义的有关知识，懂得语言具有"固定意义"和"临时意义"，语境意义属"临时意义"，由具体的言语环境补充决定，常常与语言的"固定意义"不尽相同。当学生理解某段话中语句的意思时，学生便会立刻把语句纳入这段话的语境理解认识，从言语背景和语流方面领悟语句的意思。归联迁移的关键是要准确掌握具有概括属性的有关知识，并在解决问题时，能迅速找到旧知与新知的本质联系，从而应用旧知分析、认识新知。

第四，类推。这是指新旧概念或命题异形，但二者又有某些共同点或相似点的旧知对新知的同化。例如，"因为 A 所以 B"和"既然 A 就 B"这两种句式虽表现形式不同，但都有"因"和"果"的关系。只不过前者的"果"已属事实，后者的"果"是一种推测。学生如果已掌握了"因为 A 所以 B"的因果句式，要求辨析"既然 A 就 B"的句式时，就可由旧知类推本句的句式。类推迁移的关键是要善于将新知和旧知类比，发现其中的共同因素或相似因素，从而作出正确的推断。

因此，注重知识积累，特别是丰富具有基础性、概括性知识的积累是实现积极迁移、有效学习的必要保证。迁移总是与知识的应用和问题的解决过程紧密地联系在一起的。因此，精心设计好练习是促进学生积极迁移学习的重要环节。一般说来，能促进迁移的语文练习有以下三类：

第一类是独创性练习：这类练习要打破学生的思维定式，应促使他们进行独创性思维，产生新颖的属于自己发现的答案。独创性练习还有利于课堂教学，它能使学生深刻地领会作品主题、情节结构；帮助学生深刻地理解词语,提高运用词语的能力,有效地增进语文知识,能够使学生对作品所描绘的人和事获得丰富细致的感性认识,然后进一步上升到理性认识,锻炼想象能力和思维能力。

第二类是发散性练习:这类练习要具有开放性,让学生能多侧面、多层次、多方位地进行思考,寻求多种途径和方法解决问题,谋求多种结果。发散性练习的特点是充分发挥人的想象力,突破原有的知识圈,从一点向四周发散思维,并通过知识、观念的重新组合,寻找更新更多的设想、答案或方法。发散性练习通常是不依常规,寻求变化,对给出的材料、信息从不同角度,向不同方向,用不同方法或途径进行分析和解决问题的,其中,一题多解的训练是培养学生发散思维的一个好方法,它可以通过纵横发散,使知识串联、综合沟通,达到举一反三的效果。

第三类是评述性练习:这类练习应让学生发挥自己的认识,从新的角度或以不同的方式判断、评价和阐释一些观点、材料。

四、课堂优化激活无意识的心理活动

无意识又称"潜意识",相对于显意识(一般称"意识")而言,是人未意识到的心理的总和。这种心理是主体对客体不自觉的认识与内部体验的统一,包括无意感知、无意识记、无意再认、无意表象、非言语思维、无意识体验等。无意识心理活动的主要功能是对客体的一种不知不觉的认知和内部体验。

无意识心理倾向主要是大脑右半球的创造机能,感情和想象力是它的重要组成成分,与它紧密联系在一起的还有态度、动机、期待、兴趣、需要等因素。这些都是语文创造性学习不可缺少的心理因素。尤其要看到的是,无意识占整个意识的绝大部分。无意识是意识活动的基础,意识活动一般都是在与无意识的结合中进行的,而且只有使二者和谐一致,心理活动才能达到最佳效果。因此,要优化语文课堂教学,实现创造性的培养目标,应注重唤醒、激活学生的无意识,让无意识与意识协同一致地积极活动起来。

要想激活学生的无意识,需要应用暗示渗透的原理和方法,按照暗示渗透的教学原理,学习的高效率是在轻松愉快的环境中自觉学习从而让无意识与意识高度配合的结果。具体地说,暗示渗透除了应用放松学习、想象练习等专门技巧外,更经常的是通过教师的态度和行为以及场景、氛围感染学生。例如教师微笑的面容,充满自信的神态,生动有趣的讲述,朋友般的鼓励,轻松愉快地探讨问题,辅之以无拘无束的学习场所都可以给学生以暗示。在这种环境下,学生会感到学习是愉快的事情,课程是很有意思的,从而乐于学习,有信心学好,这样,便可激活学生无意识配合意识进行学习活动。

五、课堂优化重视非逻辑思维的感受作用

非逻辑思维包括联想、想象、直觉、灵感等,它们在感受言语情境进而体味其情感方面发挥着独有的作用,所以非逻辑思维对学生学习语文知识有很大的作用。

重视非逻辑思维的感受作用是语文教材的特点对言语认识活动的要求,语文教材的课文本身是有情境的。一篇优秀的文章、文学作品总是在一定的情境中产生的,是作者所接触的实际生活的反映。正是客观的生活情境(包括社会环境、自然环境、具体的人事景物、生活场景、情感氛围以及种种问题情境)使作者的思想情感受到触动,才激起写作动机,见诸言辞,写成文章或文学作品,在逻辑推论中隐含了情感结构,仍然含有动心动情的形象。

语文学习注重非逻辑思维的感受作用,合乎学生思维活动的认识规律。学生的抽象逻辑思维开始发展,但仍以感性表象为支点,这种逻辑思维属于直观形象的抽象。学生逐步发展思考活动也需要直观的形象思维和抽象逻辑思维二者双向进行、协调活动、相互融合。而感受情境要调动学生的表象,从感受形象开始,在此基础上引导学生应用抽象思维深入认识课文,这正与青少年语文学习的思维活动是一致的。

重视非逻辑思维的感受对青少年的心理发展有极重要的作用,这主

要表现在非逻辑思维感受可以开发学生右脑的创造潜能。有关研究表明：人的大脑功能，左右两半球既有分工又有合作。大脑的左半球掌握逻辑、理性和分析的思维，包括言语的活动；而大脑的右半球则负责直觉和形象思维，包括情感的活动，创造力主要是大脑右半球的功能。重视了非逻辑思维的感受，并使它与逻辑思维的认识活动相互作用，便可让学生边体验感受边进行内部言语活动。这样，大脑两半球交替兴奋或同时兴奋协同工作，则可大大地释放出潜能，创造力便渐渐增强。促使学生非逻辑思维感受的具体方式很多，主要应考虑下列两类方式：

第一类是设置情境：即提供与语文课堂学习有关的情境，如利用实物、图画、音乐、影像、环境布置以及其他多种现代化教学手段营造生动的情境，这种方式作用于多种感官，可以让学生的非逻辑思维的感受作用得到充分发挥。

第二类是诱发情境：即唤起生活经验，通过记忆表象和想象再现社会或自然场景，把学生带入语文学习的特定情境中。例如对课文情节绘声绘色的表演、教师生动感人的讲授、分角色朗读以及复述、改写、扩写、续写课文等，都可以把学生带入课文的情境中，深深地触动他们的情感，使非逻辑思维的感受作用得到发挥。诱发情境的关键在"披文入情"。教师要善于引导学生应用非逻辑思维揣摩、体味课文的语言，引导他们将第二信号系统的语言文字还原为活生生的人事景物。

感受情境要结合逻辑认知活动进行。感受情境能触及学生情感的深处，激活学生的潜意识，使他们获得情感的体验和直觉的认知，受到感染熏陶和潜移默化的影响。让学生感受情境：一方面要发挥非逻辑思维的感受作用，使学生在潜意识的驱动下自然地进入情境；另一方面要帮助学生运用逻辑思维对情境进行分析认知，把潜意识引向显意识，把感性直觉上升为理性认识。

六、语文理法学习与语感学习相结合

语感是语文理法学习的基础和条件，直接影响语文学习的效果。这是由言语所反映的内容决定的。言语作为物质媒介来反映作者对现实生活"感受"到的意象，它"是作者旨趣的最贴合的符号"。学生对于言语，首先必须转换为生活，深切"感受"了它的意义和情味，才能通向和接近作者的心灵，透彻了解言语，获得理解语言的能力。运用语言也是同样的道理，只有从所反映的生活对象方面加以感受，才能准确地遣词用语和判别调整言语，获得运用语言的能力。

语感对语文理法学习的这种作用，也是由语言意义本身的特点所决定的。学习语言最根本的是依赖语感经验，引导学生对语言运用的准确、畅达以及其中的情态、情味进行切实、深入地感受，才能透彻了解语言，获得语感方面的能力。只有学生具备了一定的语感能力，语言学习才能收到良好的效果。

学习语文理法能为语感提供理性经验，使语感能力得到提高。一般人的语感是在长期的言语实践中自然形成的，能为理解语言和运用语言提供一定的言语感性经验。在理法的指导下，感性经验便可得到修正、整理和提高，使认识发生质的飞跃。也就是说，语文理法可以使人们对言语的理解和鉴别，既知其然又知其所以然，使语感在原有的基础上进入高级的层次。感受言语，直接经验还是主要的，通过严格的语文理法学习，便能逐步积累间接的理性经验，从而形成真正敏锐地、准确地、深刻地理解、鉴别言语的能力。语文理法学习对提高语感的影响作用，其实也是由语感自身发展的心理要求决定的。高层次语感的心理结构以理性积累为基础，语感过程即是用早已筹思于前的经过长期逻辑理智思考而形成的认知心理结构去认同眼前的言语。可以说，高层次语感是语文理法知识与实际练习相结合而积累凝聚起来的言语感受的理性经验。语文教学是学生得到语文理法知识的基本途径。通过严格的语文理法学习，以直接感受经验为主的语感得到发展，进入理性认识的高级层次。

语感与语文理法之间有着相互关联、相互为用的必然联系。这种联系表明了以语文理法为指导的当代语文教学模式既需要学习必要的语文理法，更要立足于培养学生的语感，并使二者有机地结合起来。这种结合主要应考虑以下四个方面：

第一，传授语文理法知识与训练语感能力结合。这是培养语感的基本指导思想，语文教学要根据语感训练的内容，传授必要的语文理法知识，并服务于语感训练的实践，使它成为培养语感的有效手段。例如针对语义感的训练，应传授必要的词语知识、段落结构的知识、逻辑的知识、文体的知识、表达方法的知识；而对语言中的情境感、情味感的训练，应传授必要的文学表现手法的知识以及想象、联想等鉴赏方法的知识等。

第二，课内计划训练和课外开放学习结合。这是训练语感，提高学生语感能力的基本途径。课内计划训练是有规则的语文学习，可以为学生提供理性经验，扎扎实实地打好语文基本功，尽快地增强学生的语感能力。但是，语感具有实践性，语感能力的形成和提高必须通过反复不断的练习和直接的言语实践。因此，语文学科应充分利用语言的社会性和语文学习的广泛性，要求和指导学生自觉地应用课内所学的理法知识，在课外积极广泛地学习语文，大量地积累语感经验，使课内语文规则学习向课外延伸、开放，与课外语文学习相互联系、相互补充、相互促进。

课外语文开放学习没有时空限制，内容形式很多，包括与听、说、读、写技能有关的一切言语活动。例如有的教师指导学生写语感随笔，便是课内语文规则学习与课外开放学习相结合的有效形式。语感随笔专门记录自己学习语言的心得，它要对所感的言语做理性分析，能把言语感受的感性经验与理性经验联系起来。凡是自己在课内外一切听、读活动中对言语有所感受，都可作为语感随笔的内容。这种训练本身就是一种语感理性经验的开放性积累，又可以帮助学生养成揣摩和分析他人语言并因此缜密地使用语言的习惯，对提高语感能力作用很大。

第三，辨析推敲语言与联系生活经验感受语言结合。这是训练语感、提高学生语感能力的关键。语文教学必须重视培养学生辨词析句的能力，应指导学生认真分析、比较词句，仔细理解词语的选择和搭配关系，掌握各种句式的基本特征，准确领会言语的意义。

感受言语离不开生活情境，培养语感，应该结合情境、联系生活经验理解语言、运用语言。领会文章和作品,应当一边读一边回想他所经历的相似的人生,或者一边读一边到现实的活人生活中去看。学生理解语言,要引导他们把对词句的理性辨析同对生活的观察、体验结合起来,让他们调动自己的生活经验,开展想象和联想,呈现有关的表象,从而深切地感受到作者运用的语言文字表现了什么样的事物或形象,其中蕴含了什么样的感情;学生运用语言,要指导他们把构思行文与所要表达的事物联系起来,呈现"内心视像",从而准确地遣词用语。

第四,理性思索与诵读、揣摩结合。这是训练语感,提高学生语感能力的基本方法。语文教学要培养学生的语感能力,应该有计划地进行形式多样的练习。例如修改病句、解词造句、关联词语填空、口头(书面)答问、争辩讨论,评析课文、单项作文等。这种练习能促进学生积极思维,更好地掌握和运用理法知识,扎扎实实地打好语文的基本功。这对发展语感能力有不可忽视的重要作用。但是语感是凭借着言语活动的经验(包括感性经验和理性经验)直觉地对言语作感受。诵读、揣摩便是直觉感受言语的基本方式。

因此,培养语感还需多采用诵读、揣摩的方法,在诵读、揣摩的基础上进行理性思索,把理性思索与直觉感受紧密地结合起来。

第二节 语文课堂教学目标优化

一、语文课堂教学目标的优化体系

(一)认知目标

语文教学的终极目标是对人的精神的关怀,即熏陶其人文精神和创新精神,而精神层面目标的实现依赖于技术层面目标的完成,而最终依赖于人类知识。知识的广度能促进学生的发展,同时也能促进知识和技巧的巩固性。

经过不断地发展和改善,语文课程知识已经有了一个系统,主要包括文字(含语音)、语汇、句子、篇章、语法、修辞、逻辑、文学等方面。需要提出的是,随着时代新发展及"大语文"理念的顺势提出,语文教学的内容范围应放大到包含文学或以文学为主的整个人类一切优秀的"文化"。可以肯定的是,随着"网络时代"的发展,语文课的知识系统还会发生新的变化,比如汉字处理技术亦可能走进未来的语文课堂。所以,优化学生的认知目标就十分迫切了,而优化学生认知目标应坚持以下四大基本原则。

1. 人文性原则

这既是时代发展大趋势的必然结果,又是教育"立人"的自然要求。语文学科应首先高举"弘扬人文精神"的大旗。学生人文精神的形成与完美人格的形成,是贯穿于整个知识教育过程之中的感染熏陶,潜移默化。为此,教师在传授知识时,必须将知识融进文化大背景中,增加知识的文化厚重感。

例如,学习文言文字词,就不妨涉猎文字学知识,尤其是汉字的演变。汉字被誉为中国的"第五大发明",是中国对人类文明的一大贡献。历史上中国文字统一,奠定了中华民族统一的基础,并成为凝聚海内外炎黄子孙的精神纽带和文化之根,对中国几千年来无间断的延续起到了决定性的作用。中国的汉字史也是一部文化史,一个汉字往往包含着古代的天文、地理、习俗等,也涉及许多典故、逸事。学一点文字知识,不仅有利于学生举一反三地学习文言文,而且能够激活、感染学生,积淀其比较丰厚的文化底蕴,培养其对传统文化的热爱和民族自豪感。

2. 前瞻性原则

信息时代的最大特征就是瞬息万变,知识更新快捷。优化学生认知目标必须考虑语文知识的前瞻性,语文知识的优化应与现代科学理论的前沿结合起来。例如,现代语言学、现代阅读学、现代写作学等理论就应在语文课堂中体现出来。时代变化了,语言发展了,语文只有始终保持敏锐的触觉才有"立人"的希望,也才有其存在的价值。前瞻性的语文知识往往源于具有前瞻性眼力和思维的语文教师,而教材作为语文知识的载体,在一定时期内必然是固定的,但在编写教材时应考虑教师学生可能拓展的空间。

3. 实用性原则

语文知识优化的最终效果体现在"实用"上。或有助于学生学习、生存、工作,或有助于学生"提高道德修养、审美情趣、思维品质和文化品位,发展健康个性,形成健全人格"。为此,应当引导学生把所学的语文知识转化为技能,正确的知识必须和技能,即运用知识的技巧结合起来。

4. 适宜性原则

认知目标的优化还要讲求"适宜性"。优化的服务对象是广大学生,"适宜性"最主要体现在两方面:精要和易懂。语文知识教学的主要矛盾是语文知识的丰富性与学生的实际接受能力之间的矛盾。语文知识不但项目多,而且各项又自成体系,内容复杂而艰深。但学生学习时间和接受能力都极为有限。因此,只有优化认知目标,筛选、精简出各项知识中最关紧要的、最实用的点子,把最精粹的知识传授给学生。优化后的目标体系应是通俗的,而且紧扣实际的。优化后的目标体系应突出运用,应能很好地指导学生的听说读写的言语活动。

(二)情感目标

语文学科与其他学科明显不同的就是语文的情感性。人学习、掌握母语的过程就是人成为人的过程。人人化、社会化的过程就是人追求自我完善(包括人的尊严、价值、个性、理想、信念、品德、情操等方面)的过程。这一过程则体现在情感的自我完善上。为此,人文精神层面目标的实现应依赖于具体的情感的培养,甚至创新精神的培养也依赖于这一点。"情商"这一概念的提出就足以说明情感与智力、创新能力的密切关系。语文教学应该优化以爱为核心的求真、求善、求美的情感,具体而言,应包括审美情感、理智感、道德感、爱国主义情感等方面。

1. 审美情感

审美情感指即美感,指人对美的体验。它是根据美的需要,按照个人所掌握的审美标准,对客观事物评价时所产生的情感。不仅物质美使人有美的体验,行为美、语言美、心灵美,也会使人产生美的体验,美能在人的心灵上唤起无私的、真诚的、快活的、自由的情感。

审美教育非常重要。美,首先是艺术珍品,能培养细致入微的性格。性格越细致,人对世界的认识越敏锐,从而对世界的贡献也越多。有了审美能力,一个人的心灵就能在不知不觉中接受各种美的观念,并且最后接受同美的观念相联系的道德观念。从某种意义上说,美育甚至是教育之基本。美的鉴赏力是由美的环境、美育培养成的,语文教学就是美育的最好阵地。引导学生感受美、理解美、发现美、创造美,这是语文教师责无旁贷的任务。美的培养是爱的培养,对于自然美的真实的爱护心是对学生美的教育上的重点。

2. 理智感

理智感,从心理学角度讲,即人在认识过程中所产生的情感。这是一种对自身情感施加某种自我约束的情感,这种情感遵循、服从一定的原则和逻辑规范。理智感的表现形式有好奇感、求知感、怀疑感、自信感以及对真理的热爱等,属于高级情感。

语文教学是培养情感的,应该培养健康的、有涵养的、雅致的情感。理智感是一个人走向成熟的标志,也是人类走向成熟的标志。有了理智感,学生才能真正做到"学会认知、学会做事、学会共同生活、学会生存"。理智感也是学生创新的情感基础。创新是借助理智感可以把握的,甚至更多的是依靠理智感获取的。理智感是从认知过程中产生和发展起来的,又反过来推动认知过程进一步深入,成为认识世界和改造世界的动力。

3. 爱国主义情感

爱国主义就是千百年来巩固起来的对自己的祖国的一种最深厚的感情。一个人对家乡、祖国语言、民族传统的眷恋以及他对与自己的一生密切相关的祖国命运的关怀是很自然的。

从某种意义上讲,爱国主义情感是语文教学情感目标的终极和归宿。所以,语文情感目标最终还是落实在"美"上,这种"美"的最高理想就是培养精神完美、道德纯洁、体魄健全和谐地结合于一身的全面发展的人。

(三)语文技能目标

语文技能目标应包括听、说、读、写、思五大方面,最终上升为创新技能,创新技能的培养只有融合在听、说、读、写、思的实践过程中才能很好完成。听、说、读、写、思的实践过程必须与相关知识紧密结合才能完成。要达到会听、会说、会读、会写、会思,进而会创新,就必须完成好两大积淀:一是丰富的语汇;二是丰富的素材。

1.关于听、说、读、写、思的技能目标

尽管听、说、读、写、思是相对独立的,但终因其都以言语为中介而有共同的技能目标,即以培养语感为中心的技能目标。语感是思维并不直接参与作用而由无意识替代的在感觉层面进行言语活动的能力。语感是人把握言语的主要方式,人不仅在思维中,而且以全部感觉在对象世界中肯定自己。思维和感觉是相互对峙而又相互关联的。就言语而言,其思维必以感觉为前提,只有先被感觉然后才能被思维。所以,在日常的听、说、读、写、思活动中,总是以"感"为主,以"思"为辅。言语活动显然是有"游戏规则"的,但在一般情况下,言语活动常常是"不假思索"的。

2.关于思的技能目标

思的技能训练是与言语活动的实践密不可分的,割裂二者,则二者皆不可发展。思的技能训练包括观察力、记忆力、想象力、思维力等的训练。

(1)观察力

这里所指的观察力是与人的积极的思维活动密切联系着的。概括地说,观察不仅要通过看一看、听一听、摸一摸等多种感觉活动,而且要调动大脑对感觉的对象进行综合性知觉。"观",在此基础上,进而发现问题以疑引思。"察",包括生疑,质疑,最后达到释疑。也就是说,知觉与积极的思维结合,才能构成一定的观察活动。观察力是怎样发展起来的呢?广博的基础知识,是发展观察力的重要基石;做生活的有心人,充分地感受生活,进而驾驭生活是发展观察力的关键。提高观察效果,还须有正确的思想方法、坚强的意志、严谨的科学态度;提高观察效果,也须养成良好的习惯,做好"三常"(常预见、常联想、常变思路)。

(2)记忆力

记忆是智慧的仓库,重视记诵在言语学习中的重要地位,这是由文字语言本身的属性所决定的。就语文学科而言,要着重发展学生的形象记忆、情绪记忆能力,这也是由文字语言本身的属性所决定的。

(3)想象力

想象力比知识更重要,因为知识是有限的,而想象力概括着世界的一切,推动着进步,并且是知识的源泉,严格地说,想象力是科学研究中的实在因素。培养学生的想象力,方法的指导固然重要,但真正关键的是培养学生自由、独立的个性与精神,而这种个性与精神必源于教师的民主、平等的教育理念。有了宽松的民主氛围,想象力才会得"天时""地利",蓬勃发展起来。

(4)思维力

语文学科具有发展思维能力的优越条件,因为思维和语言是不可分割的。语言乃是思想的有机的创造,它扎根于思想之中,并且从思想不断地发展起来;所以,谁要想发展学生的语言,首先要发展他的思维能力。离开了思想单独地发展语言是不可能的;在发展思维以前先发展语言甚至是有害的。"思维力的培养应着重训练分析、综合、抽象、概括、比较、归纳、演绎等能力。思维力的训练是长期的,持久的。

3.关于创新技能目标

创新技能的培养既是一切语文技能培养的最终归宿,也是一切语文技能训练必须伴随的同步训练。

这也是优化思想的真正体现,创新技能的培养主要应让学生掌握和运用创新技法,这些技法包括组合、移植、逆反、迂回、换元、分离、强化、群体等。

(1)组合技法

人们只要把两种或两种以上的软件或硬件适当地组合在一起就可以创造出新的事物。橡皮与铅笔组合在一起就创造出方便的橡皮铅笔,诗和小说组合在一起就创造出新的文体—诗体小说。

(2)移植技法

人们只要把已知的概念、原理或方法直接或稍加改造后移植到其他领域就可实现创新。

(3)迂回技法

当从一个主攻方向不能得手时,就可以从其他路径进攻。"明修栈道,暗度陈仓"便是军事上运用这一原理的范例。

(4)换元技法

人们可以通过替换的方法解决问题或产生新事物,神经学专家为了研究人的神经而不断地做试验,将复杂问题简单化,这便是换元原理的运用。

(5)分离技法

人们可以通过对已知事物进行分解、离散而产生新的事物,与组合技法相反。

(6)强化技法

人们可以通过对现有事物在结构、尺寸及功能上进行浓缩或增放而产生新事物,就像将昔日的薄底靴强化为厚底则成为流行的时装鞋。

(7)群体技法

人们可以发挥集体思维的作用,在集体中,人的智力会产生一系列效应,思想与思想的碰撞最易激发创新的火花,讨论式教学便是这一原理的运用。

在教学过程中,教师要自始至终引导学生利用这八大技法思考问题,只有如此,学生才能形成创新能力。当然,单是创新技能的训练是达不到优化的预期效果的,教师应力图制造一种自由、平等、民主的崇尚创新的课堂教学氛围。

二、目标优化的有效模式

(一)目标教学是语文课堂教学目标优化的创造

在某种意义上来说,科学地制订语文学习、教学、考评、检测等环节目标,是语文教改的关键一步。如果语文学科有了明确、科学的目标系统,教师为实现一个个特定的教学目标而教,学生为达到一个个特定的学习目标而学,同样也按目标考评、检测,那么,语文教学就可能生机勃发。目标教学模式正是在这样的背景下提出的,它是信息论、控制论、系统论等三论在语文教学中的具体运用,优化语文课堂教学目标的工作应具体落实在目标教学上。

目标教学的优势显而易见。①有利于激活学生学习动机和兴趣。在目标教学的各个环节中,学生可从达标检测中及时获得信息反馈,能及时把握自己现有水平和进展方向。目标实现易激起学生的成就感、满足感,反之,学生也能迅速矫正、弥补。②有利于克服教、学、考、评等各个环节的随意性、波动性。一切教学活动始终围绕目标进行,容易做到有章可循、对症下药。③有利于面向全体学生实施分层、异步等因材施教的教学。

(二)语文课堂目标教学的基本环节及其优化

语文课堂目标的基本环节包括示标、释标、练标、测标等几部分。

1. 示标

这是课堂的第一阶段。教师向学生出示课堂目标,确定该课堂所要完成的教学任务。示标阶段须注意两点。①标的应面向全体学生,分层定位、异步达标。因为目标教学的最终目的是让全体学生达标。②目标的制定应尽可能由师生共同制定。目标有了充分的透明度,学生知道自己对所学的知识要达到哪个水平层次,心中有数,才能有的放矢。这样做既易激活学生,又能体现学生主体性作用。

2. 释标

这是课堂的第二阶段。师生共同讨论、研究、阐释所制订的教学目标。在这一阶段,学生在教师的引导下分析目标所包含的要素及内蕴,并确定达标所需要的途径和方法,为进一步学习作好知识和方法上的准备。释标阶段要注意两点:①要广泛联系已有的知识,把握好各类学生的"最近发展区";②要精心设计启发方案,以求达到训练的最佳效果。

3. 练标

这是课堂的第三阶段,也是关键阶段。教师应精心设计达标的训练方案和引导措施,激励学生自觉投入训练以期达标。这一过程中须注意四点:①训练指导要面向全体学生。②训练的质量要高,数量要精。质与量的最佳结合便是教学优化的必要条件。③要及时反馈,及时矫正。④教师要善于营造一种严肃紧张而又活泼向上的教学氛围。教师尊重、爱护学生,学生尊敬、信赖教师,师生之间和同学之间形成一股教学合力,其效果必然最佳。

4. 测标

这是课堂的第四阶段。通过训练、反馈、矫正,学生达标情况尚需检测。测标阶段须注意两点:①检测方式应具有优化性、创新性,既精要,又实在;②仍须重视学生测验信息的及时再反馈,及时再矫正。

除这四个阶段外,目标教学的课堂应还有两个附加成分:①开课时的激活性导语;②结课时的强化标的结语。目标教学的整个过程中,始终要以现代教学理念为指南,只有有了正确的学生主体观、质量评价观、和谐教学观等新观念,目标教学才能走出一条新路。

第三节 语文课堂学习环境优化

一、语文课堂教学优化环境的营造

语文课堂教学优化环境的营造应该说是一个牵涉面广的系统工程,它涉及包括经费在内的一系列问题,这里主要分析充分发挥语文教师的主导作用,尽可能科学、高效地调用课堂环境诸要素,使之优化组合,形成极富民主性、暗示性和认知性的学习环境。

(一)民主性环境的营造

教学民主是教学中的一种教风和学风,表现为师生在教学活动中相互尊重、相互信任、相互配合、相互促进,以伙伴式的关系共同完成教学任务。民主性教学环境是相对于专制性或强制性教学环境而言的。营造这种宽松的环境,目的是让学生在一种"心理自由"与"心理安全"的状态下发挥学习的主观能动作用,从而取得良好的学习效果。

营造民主性的课堂教学环境是优化课堂教学过程的必然要求,因为语文学习是一种创造性的复杂智能活动,这种活动要求学生思想解放和富有强烈的探索精神。而这在很大程度上需要环境的保护、支持。特别是青少年学生的创新精神和创造才能尚处于萌芽状态,更需要"心理自由"和"心理安全"的民主性环境来培育。

教学过程较一般的认识过程,具有特殊性,它包含着学生、教师两个认识主体和主要由双方组成的认识客体。其中,师生都具有主观能动性,他们互为认识的主体和客体。教学过程不仅要解决师生对教材、教学环境和教学方法的认识问题,还必须解决师生互为认识主体又互为认识客体的相互认识问题。民主性课堂学习环境的营造通常可以采取以下策略:

1. 实行学生"自治"性的教学管理

学生"自治"即让学生在学习中自我管理、自我调控。学生"自治"是教育民主思想在教学管理中的具体体现,其关键是要给予学生学习的自主权。具体地说,教师应尊重学生的个性和习惯,给学生留有学习"自治"的时间,允许他们按照自己的意愿和方法,去做自己想做的事,允许他们运用自己的方式方法获得同样的学习效果。同时,教师要让学生参与教学管理,师生共同制订教学计划,共同遵守有关要求,共同监督计划的执行,共同评价计划的完成情况。教师的主导作用主要体现在指导学生"自治"管理,帮助学生提高自我管理能力和自学能力。

例如,语文教育改革家、著名特级教师魏书生为了培养学生的语文自学能力,十分重视学生的自立、自治。他认为,语文教学改革的主要凭借是"一靠民主,二靠科学"。民主解决学生学习的积极性、主动性的问题,解决教师为学生服务,同学生齐心协力搞教改的问题;而科学解决语文知识结构科学化、语文能力结构科学化的问题,解决学生科学的学法和教师科学的教法的问题。在"民主""科学"思想的指导下,魏书生把对学生能力的培养看成是一个科学管理的过程。他建立了让学生自主、自治的系统的管理制度,这些制度有效地培养了学生学习语文的自觉性和创造性,极大地提高了语文教学的水平和质量。

2. 实行参与式教学

参与式教学是与依赖式教学相对的一种教学类型。它强调师生间的相互作用,鼓励学生根据自身的特点参与教学目标的制订,采用自己认为最好的方式,圆满地达到自己所制订的个人学习目标。这种教学的特点是"多维性",即多种目标,多种结果。实行参与式教学可以让学生切实享受民主的权利,通过自主充分调动学习的能动性,是优化语文课堂教学的重要途径。语文教学实行参与式教学,主要应考虑以下几点:

(1)给学生多提供自由选择的学习机会

例如,一篇课文或一个单元的教学目标可以确定为基本目标和较高目标,由学生选择所要达到的目标;作业可以分为基本部分和非基本部分,让学生自由选择完成;作文配套命多个题或填空形式的题,让学生选作;可以开设选修课,允许学生选学等。

(2)给学生课堂学习的自主权

这里的关键在于采用师生共商教学的民主作风。例如,魏书生高扬"民主、科学"的旗子,在教学中随时与学生"商量",不仅教学设想和教学计划与学生商量,每次上课的教学目的、教学内容和教学方法也与学生商量,甚至公开课上学什么、学多少、学到什么程度,仍然与学生商量。魏老师的这种教风,给了学生充分的自主权,让师生真正处于平等地位,从而将教师的意愿化为了学生自己的意愿,给课堂带来了活力和生机。在这种环境中,学生以主人的高度责任感自觉学习探索,学习潜力得以充分发挥。

(3)开展"自治"性的学习活动

例如让学生命考题,评试卷,互改作业、作文;让学生设计讨论题,主持讨论;让学生上台讲课,当小先生做个别辅导等。

3. 实施"开放性"的教学

"开放性"的教学是相对于传统的封闭式教学而言的。这种教学的特点是师生共同交流和切磋讨论,让学生思想开放,心灵自由。实施"开放性"教学,必须做到以下两点。①采用多种让学生参与教学的方式:例如,课堂上可以自学、讨论、书面练习、质疑释疑以及演讲、辩论、演课本剧等活动,让学生自由地发挥自身的语文学习个性。②坚持平等自由地探讨问题:"开放性"的教学应坚持师生平等、教学相长的原则;同时,还应创造一种畅所欲言的课堂氛围,教师应诚恳地将他们引到正确的方面。

(二)暗示性环境的营造

暗示是在无对抗态度条件下用含蓄的、间接的方法对人的心理和行为产生影响。暗示性学习环境着眼于学生的心理、生理潜力的开发,激发学生的学习动机和求知欲,激活学生的无意识活动和情感活动,主要是指利用能刺激情绪和给人以外围知觉的教学手段,创造适宜的学习环境,激发学生学习的心理动因和良好的学习体验,激活学生的无意识活动和情感活动,让它们与有意识活动和理智活动协调配合,从而充分发挥大脑的整体功能,达到最佳的学习效果。

暗示性环境的营造重在形成一种轻松愉快、自由和谐的教师乐教、学生乐学的氛围,形成一种与言语学习内容认知相适宜的场景。教师亲切的态度、饱满的情绪、生动的表情、节奏分明的语调以及与课题学习谐调的空间、通风、采光、色彩、媒体等,都是构成暗示性环境的因素,都能直接诉诸学生的直觉和感情,打动他们的身心,引起他们无意识的、模糊的知觉活动,充分发挥出大脑活动的认识机能。暗示性课堂学习环境的营造可以采用以下几个策略:

1. 创造适合于有效发挥暗示的协调气氛

暗示是针对无意识的,暗示环境的作用就是激活无意识,使它与有意识协同活动。感情和想象是无意识心理倾向的重要构成部分,这也就是说,要发挥环境的暗示作用,首要发挥教师感情的投影作用和调控作用,以教师积极的情感激发学生的情感世界,创造适合于有效发挥暗示作用的协调气氛。

情感具有感染性,在课堂教学环境中,教师的教学情感可以感染学生,使之产生同样的情感。一般来说,学生课堂的情感体验与教师的教学情感同质,教师的情感性质影响着学生的情感世界。教师积极的情感、欢快的情绪,能使学生精神振奋、智力活跃,容易形成新的联系。教师的作用,就在于调动各种因素,使学生始终在愉快而不紧张的气氛中学习;与此同时,努力促进班级中师生间、生生间的和谐的人际关系的建立,并注意调控学生的情感状态,使班级的情感状态与课堂教学内容的情感因素有机融合。这样,学生便可始终处于乐学的情绪状态之中,从而积极主动地学习,确保教学环境的暗示性作用的实现。

2. 创设教学情境

即使最强烈的观念,除非和个人的无意识心理倾向结合,和他的态度动机结合,并且和他个人的情绪、智能、意志以及需要等特性谐调。这表明了发挥环境的暗示作用,必须从态度、动机等心理因素着手,而巧妙地创设教学情境是激活学生的心理动因的基本途径。

教学情境指教师依据完成课时教学任务的需要,调用各种教学手段,设置引导学生进入课题的教学情景。教学的全部信息总是在一定的课堂教学情境中进行传递的,而良好的课堂教学情境有助于激发学习兴趣,有助于信息的有效传递。创设教学情境可以使语文教学内容具有浓厚的趣味性和实用性,这样既可以排除学生因高容量而产生的困难感,又能激发学生掌握教材的动机,引起学生接受信息的兴趣,激活他们的无意识心理,调动他们的认知潜能,从而高速掌握和消化所教的学科知识。

创设情境的手段很多,如在上课时伴以音乐,在游戏活动中传授知识等。特别是随着多媒体和网络技术在教育教学中的运用,创设教学情境的基本手段已有了很大的改变。借助于多媒体和网络技术,运用更为直观可感、具体可闻的影像、图片等资料,可以实现"生活显示情境、实物演示情境、音乐渲染情境、图画再现情境、语言描述情境"等情境的创设。与传统的情境创设相比,多媒体网络技术的情境创设具有更直观、生动,信息量更大、吸引力更强等特点。随着课程改革的推进和新的课型的出现,教学情境的创设必将有更多更新的手段,但无论运用什么样的手段来完成,都必须注意:①与课时内容吻合;②贴近学生生活实际;③适度而不喧宾夺主;④符合学生身心发展的水平与特点;⑤情境富于变化。

3.打造课堂艺术

兴趣是感情的体现,能促使和保持动机的产生。课堂学习环境中的情境、图示、音乐、节拍、声调等都是重要的暗示手段,利用好这些情绪刺激源和外围知觉对象,就能有效地激发学生学习兴趣,开发课堂学习潜能。教师的教学权威应是平等民主的作风,平易近人的品性,严谨精讲的精神,客观公正的态度,求真求实的学风,诙谐生动的幽默……这样的权威,才能赢得学生的尊敬和激发学生对语文学科的感情。

情境、图示、音乐、节拍、声调应是语文课堂重要的组成部分,借助这些有效的形式、色彩、节奏和韵律,直接诉诸学生的直觉和感情,可以打动学生的全身心,又通过全身心的参与而激活潜意识,特别是维持兴趣的较长的保持期。在教学过程中,适当利用电影、戏剧等艺术形式,把有关教学内容的基本原理和规则系统与音乐舞蹈、表演等联系起来,有助于激发学习潜能,获得心理上和教学上的效果。语文教师要善于利用这些外在的情绪刺激源来营造暗示性的学习环境。

(三)认知性学习环境的营造

1.认知性课堂学习环境的特征

①知识信息富足:"语文"学科的内容无论作何理解,其表现形式都是以语言文字为载体来传达信息,所有环境的设置都必须围绕着传达信息这一中心。知识信息越丰富,越利于学生认知水平的提高,也直接关系到学习效率和效度。②符合认知规律:课堂的知识容量的多少,程度的深浅,传输方式的变化要能体现学龄段的差异,要由一般到特殊,由简单到复杂,由低级到高级,由具体到抽象,要体现出由实践—认识—实践—再认识—再实践的两次飞跃。③重视方法贵技能:课堂传授的应是语文学科学习的理念和学习知识,应掌握的基本方法,只有关于方法的知识,才是最可贵的知识。认知性学习环境的营造应着眼于学生心智的健康发

展,坚持科学性与实用性相结合的原则;着眼于实现学科知识的高效传授,要坚持稳定性和渐进性相结合的原则;着眼于培养学生学会学习,终身学习,要坚持发展性和可持续性相结合的原则。

2. 认知性学习环境的营造策略

(1) 提供富足信息

根据信息的来源及内容的不同,课堂信息可分为学科知识信息、思想道德信息、心理情感信息和交叉学科信息四种。语文学科知识信息包含语音、语词、语法、修辞、逻辑、文学、文化、听、说、读、写等方面的信息和汉语所特有的文言文信息等。思想道德信息包括中国传统的伦理信息、中国现代的道德信息、进步的思想信息等。心理情感信息包括健全人格信息、健康心理信息、积极高雅的情感信息等。

语文学科的课堂学习还广泛牵涉到历史学、政治学、经济学等学科的知识信息,就是数、理、化等纯理科的学科知识也常出现于语文课堂和言语实际中。所以,丰富而科学的信息,是认知性课堂环境的基本内容,提供的信息量越丰富,越利于学生心智的健康发展。为此,教师要做到:一要努力提高自己的学识修养,既要成为语文学科的专家,又要成为博闻强记的杂家;二要充分使用多媒体等现代教育技术补充语文教材信息量的不足;三要掌握先进的教学方法,做到举重若轻,化纷繁为简捷;四要有意识地注意收集和整理最新的知识信息;五要注意课堂信息的丰富性和适度性;六要传授学习方法,揭示语文学习规律,将陈述性知识与程序性知识和策略性知识相结合。

(2) 广开信息渠道

语文课堂信息量大并不意味着学生在课堂上获取的信息量就多,这当中牵涉到负载信息的语言载体和知识传输的形态等问题。优化了的课堂应充分调用最富含科技含量的教学手段来提高载体的信息容量,转换信息的传输形态。有关研究表明,单用口头语言(即以老师讲授的形式)或单用书面语言(即学生阅读的形式)来传播知识,学生实际获得的教学信息会大大减损,因而在课堂学习环境的创设中,就要在教学信息的传输方式上大做文章。除采用传统的讲授方式以作用于学生的听觉器官和传统的阅读方式以作用于学生的视觉器官以外,还应采用多媒体的音像载体,采用挂图、实物、幻灯、模型等实物载体同时作用于学生的听觉器官、视觉器官、触觉器官等,变单向机械的信息刺激为多向生动的刺激,实现课堂信息直观生动地"多向辐射"。

(3)调配课堂环境要素

大量研究表明,采用学生自己喜爱的学习方式组织教学,会使他们获得更好的成绩。在班级授课制的组织形式之下,这一点显然极难做到。但仍可通过调配课堂环境要素的方法尽量达到课堂学习环境的优化。

主要可以从这几方面着手:①调控教室光线:一般认为,学生在光线充足的教室里学习效果最佳,但实际研究结果却表明,只有部分学生在光线充足时才学得最好,因而可以采用灯光调控、设置书橱、添置屏风等办法在教室中布置一些光线强高压不同的小区,并允许学生选择适合自己的位置。②保持课堂院合适温差:实际情况是不同年龄和性别的学生对课堂温度相求语差异较大,因而教师要指导学生了解自己对温度条件的要求,课保持教室不同区间的温度差,供学生自主选用。③设置适宜音优乐:一般认为,学生在安静的课堂中学习效果最佳,但许多青少化年学生学习中有音乐相伴,效果更好,因而根据课堂教学内容,系利用课堂中的教学设施,提供适宜的音乐,有助于学生认知效果的提高。④课堂组织灵活:一般认为,实行集体授课效果最佳,但学生的个性差异,学习中对外在环境的依托程度较为悬殊,因而组织课堂教学时,应遵从设法让学生学得更好的原则让学生选择独立、成对、成组或与老师、同学一起进行学习的多种组织形式。⑤改变课堂环境:一般认为,在熟悉的环境里学生更容易集中精力、专心学习,但研究结果却是绝大多数学生对新鲜的学习环境更为感兴趣,更少分心,因而经常性地改换课堂布置,或尽可能多地改变上课地点,会对认知效果有好处。

(4)完善课堂管理

作为课堂学习软环境的重要组成部分,课堂管理具有对学习行为的启动、导向、激励、反馈和调控功能,可以成为学生个体的行为准则,促使个体约束自己的行为,可以逐步形成班级的习惯,在长期的执行中形成班风和学风。班风和学风一旦成为班级的集体意识和共同的行为规范,必将对课堂学习的个体和全体产生积极的影响,成为学生认知和评价自己行为的标准,成为维持、巩固、发展班级的支柱。作为课堂学习软环境的课堂管理,一定要充分发扬民主,师生共同参与。课堂管理的制度、办法措施,都要民主决策,共同遵守,以形成班级共同的积极向上的学习态度,营造出良好的认知氛围,保证课堂教学的质量。

二、语文课堂优化环境的功能

课堂学习环境是指在课堂教学活动中,影响教师教和学生学的一切内外条件。课堂是一种特殊的社会环境,其构成要素众多。从内容构成看,可以分为物理环境、心理环境和信息环境。课堂学习环境也可分为"硬环境"和"软环境"两大类:"硬环境"主要由课堂的主要构成要素"人"(学生、教师)和课堂基本教学设施(包括电教设备如微机、电视机、投影仪、实物展示平台、广播、音响等和挂图、灯具、桌椅等)构成;"软环境"主要由风气(班风、学风)、学习气氛、师生关系、学习制度等要素构成。

课堂学习环境的优化是指教师依据教学目标的需要,选用恰当的行为策略调配环境各构成要素,调控对环境要素使用的过程,调适对环境要素的使用效果,以确保教学目标最好地实现。语文学科作为人文性和学习过程的互动性很强的学科,其教学任务的完成和教学目标的实现有赖于语文课堂学习环境的优化。简略来说,优化的语文课堂学习环境具有五大基本功能:陶冶功能、发动功能、认知功能、激活功能、创新功能等。

(一)陶冶功能

陶冶功能指语文课堂优化环境能陶冶学生的心理,有利于培养学生健康高尚的审美情操,形成他们良好的道德品质。语文课堂环境的陶冶功能主要是由优化环境作用于语文的人文性内涵而产生的。语文反映人类社会的事、理、情、态,表现民族精神、民族情操、民族审美情趣,负载着丰富多彩的文化。优化的语文课堂教学环境师生关系和谐,课堂气氛融洽,学习轻松愉悦,加之媒体教学设施运用的直观性、情境性的效应,可以让学生达到最佳的学习境界。进入这种境界,学生便可以在一种愉悦的接受心理状态下,自然地将自我精神世界与语文所表现的人类崇高的精神世界融为一体,实现情操的陶冶和道德的升华。即使是文字、词语和语法的学习内容,也会因为环境的优化而妙趣横生,培养起学生对中国语言、文字的深厚的感情,使学生受到思想感情的熏陶。

与此同时,在优化的语文课堂环境中,有师生互爱互助的情感美,有课堂气氛愉快而轻松的和谐美,有师生共同追求真理的理智美,有语文教学过程的艺术美等,这些都构成语文课堂的审美要素,可以满足学生的审美情感的需要,让他们在潜移默化中实现以美育德、以美养心的目标。

(二)发动功能

发动功能是指语文课堂的优化环境能激发学生语文学习的动机和兴趣等心理动因,使他们自觉参与语文教学过程,主动积极地进行学习活动。优化的语文课堂学习环境是一个开放性、师生互动的学习环境,学生学习的主体地位得到充分的尊重和发挥,学习的途径和方法呈现出多元化的态势,师生、生生的双方、多方活动体现得十分充分,现代教学手段运用十分普及。这种民主、平等和自主的氛围和机制可以让学生充分体验在语文课堂学习中的主体地位,从而增强学习的主人翁责任感和自觉性,把学习作为自身的内在需要,产生强烈的语文学习的动机和兴趣。

在优化的语文课堂学习环境中,师生处于平等的地位,互相理解、信任、尊重,加之现代教育技术将语文学习内容的生动性、形象性的优势充分发挥,创设动人的教学情境,也能激发学生语文学习的心理动因。

(三)认知功能

认知功能是指语文课堂优化环境能促进学生在语文学习中的认知活动,帮助他们顺利地掌握语文知识、形成语文能力。优化的语文课堂学习环境能呈现与语文学习内容相宜的情境,让学生在生动活泼的言语情境中接收和输出知识信息,这有利于学生在课堂中不断地感受、识别、筛选、储存知识信息,并根据已有的认知结构进行分析、综合,形成头脑中新的认知结构。同时,优化的语文课堂学习环境,通常呈现着问题情境,这些问题情境有助于启发和调动学生思维的积极性;可以让学生充分发挥自己认识的能动性,并在师生互动、生生互动的多向互动中,提高自己分析问题、解决问题的能力,从而切实掌握语文知识、形成语文能力,实现语文学习的优化。

(四)激活功能

激活功能是指语文课堂优化环境能激活学生的潜意识,参与语文学习认识活动,使他们的内在潜能充分释放出来,进行高效的学习。潜意识相对于显意识而言,又称无意识,心理学上指潜伏在意识之下的不知不觉、没有意识的心理活动,它是人的一种潜在的能量。从某种意义上说,教学的优化就是对人脑的开发,让学生的潜能得到释放,配合显意识积极进行学习认识活动,从而取得最佳的学习效果。潜意识的激活需要有轻松、愉快的学习环境,而优化的语文课堂学习环境确立了学生的主体地位,营造了民主的教学氛围,可以让学生在轻松、愉快的环境中使潜意识活跃起来,释放出巨大的学习潜能。

(五)创新功能

创新功能是指语文课堂优化环境有助于学生积极探索,充分发挥自己思维的独立性、批判性和创造性,促进他们语文创新能力的形成。创造性学习需要相宜的学习环境推动、激励。现代心理学认为,创造性学习的动力主要有三点:一是激情的推动;二是强烈求知欲的驱使;三是不断进取的鞭策。优化的语文课堂学习环境充满着民主平等的学习气氛、畅所欲言的自由空气、竞争而又合作的学习关系,这种学习环境能激发并维持学生的学习热情,驱使、鞭策学生不断进取、求异创新。

第五章 大学语文教育的生态化

第一节 大学语文教育的生态学探究

一、大学语文教育的生态学内涵

(一)大学语文教育的生态哲学观

生态危机让人类从不可持续发展的价值观转为可持续发展。这是一种"哲学转向",让"生态化"成为大学教育的新理念。人类既有责任和义务,又有必要和有可能,通过大学教育的作用推动生态文明的发展。

生态哲学扩展到其他领域,就是用生态和整体的眼光看待各种问题,用生态化的思维去思考各种危机。生态哲学思维倡导用整体、立体、动态的眼光看待生命和事物,弘扬跨学科的研究方法。

生态哲学有着丰富的内涵,从世界观和认识论的角度看,生态哲学或者是生态世界观就是运用该生态学的基本观点和方法观察现实事物和理解现实世界的理论。

在梳理总结前人研究的基础上,可以说大学语文的生态哲学观包括:两个基本的理念——生态系统理念和动态平衡理念,三个基本理论——生态圈理论、全面和谐发展理论、可持续发展理论,三个基本观点——整体观、和谐观和系统观。

生态系统理念是指在生态学里,一切事物与一切事物有关,也就是一切事物和现象之间都有一种基本的相互联系和相互依赖的关系。生态学理念中,生态的各种因素之间的作用和联系都非常重要,需要足够的重视。

动态平衡理念认为现实和宇宙在根本上是运动的,结构是一种基本过程的表现形式,而且结构和过程两者最终也是互补关系。因此,生态哲学强调的是动态的过程,把自然看成一个运动的过程是生态哲学对现代哲学的一个贡献。

生态圈理论是生态哲学的基本理论之一,自然界的各要素相互制约,实现生态平衡,促进生态系统的和谐发展。这要求有整体观,将大学语文教育看作一个有机整体,其中的每一个要素均具有不可替代的意义,发挥着各自不同的作用,共同实现生态平衡。在一个开放、有序、复杂的生态系统中,大学语文教育的各个生态因子相互作用,缺一不可,共同构成了动态平衡的生态圈,实现教师和学生的平衡发展。

全面和谐发展是生态哲学的又一基本理论。生态学要实现的发展是全面和谐可持续发展,因此在大学语文教育改革过程中要致力于实现教师与学生的全面发展。教师要实现教学相长,学生要实现自我发展。学生的发展是全体学生的发展,这就要求大学语文教育必须因地制宜、因材施教,针对不同学生的特点,采取具有针对性的交往策略和手段,促进学生的全面发展。

可持续发展是生态哲学重要的基本原理,要求既要考虑当代的发展现状,也要考虑后代人的发展前景,实现人类经济建设与环境的和谐发展。以可持续发展理论审视大学语文教育,即是要实现教育目标、教育环境、教师和学生的可持续发展。生态学视野下的大学语文教育以促进教师和学生生命的可持续发展为本,关注个体的内在需求,注重生活体验,遵循教育的内在规律,共同创建动态中稳定前行的大学语文教育生态系统。

生态哲学的内涵,学界有着相当多的论述,但"整体"、"和谐"、"系统"是其中都能达成共识的几个基本观点。整体观可以说是生态哲学的精髓所在,世界在整体观的前提下成为一个整体,在这个整体中,主客体是可以相互转化的,且都是平等的,处在普遍联系之中;和谐观是生态哲学的落脚点,理想的生态世界是人与人、人与世界的和谐共处,追求的是生态圈的平衡。生态哲学的系统观认为世界是由大大小小的系统构成的,每个系统内部都自成体系,系统之间又互相联系。

生态哲学的产生与发展,为生态学以外的其他学科提供了一种新的思维方式和研究方法。对于大学语文教育来说,正是需要这样一种全新的理论视角,探寻其失衡的现状成因,建立起与一切联系的理念,在动态中追求平衡,更广范围、更深层次去研究大学语文教育。

(二)大学语文教育的生态学解读

在生态学的视阈下来看大学语文教育,有这样几个方面的概念值得关注和解读。

1. 孔子的教育生态智慧启示

第一,孔子开创私人讲学之风,主张"有教无类",因材施教。相传有弟子三千,贤人七十二。"有教无类"的教育理念体现了教育公平性和多元性,尊重社会的多元性和人人受教育的权利,可以说是中国教育生态化理念最典型的体现。

第二,孔子"因材施教,学以致用"的观点强调教育必须符合人的天性及发展的规律,提倡教育要研究人的本性,在不同的人和人发展的不同阶段实施不同的教育。这是最早的以人为本的教育观,也是一种教育遵循自然的理念。

第三,孔子认为教育应注重实践、立足社会,提倡教育的开放性,以及教育与社会的紧密联系性。

第四,孔子主张的是"知者乐水,仁者乐山。知者动,仁者静。知者乐,仁者寿。"(《论语·雍也》),在教育中非常注意培养生态观念,提倡君子应该仁民、爱人、乐山乐水,要求弟子将人间的和谐与自然的和谐统一起来。

孔子的教育思想对于改变目前大学高等教育重专业知识传授而轻价值观培养的教育生态失衡状态具有重要意义。在大学语文教育中渗透生态观教育,注重教育的开放性,以人为教育的主体和目的,尊重教育的多元和平等性,这些观点至今仍然闪耀着光辉。

2.通识教育与教育生态理念的契合

"通识教育"也称为普通教育或一般教育,它是大学教育中区别于(或相对于)"专业教育"的一个概念。通识教育注重更广泛、更深入的有关人文、社会和自然的基本知识的教育、人类文化遗产的传播及其对学生人格的教化作用。用生存哲学和生命哲学的视野理解教育对于人的心灵、情感和创造的价值,通识教育是最好的教育方式。通识教育侧重于训练学生的有效思维,从思想上去提高学生表达、判断和鉴别的能力,并以此使学生的感情和理智都得到发展,从而有助于造就全面发展的人。

从生态学的角度看,通识教育实际上是一种教育理念,强调能力和心智的并养,专业教育和综合素质教育的均衡发展,人的人文素质与科学素质的和谐发展。这种教育理念本质上体现了生态的整体发展观。

大学语文教育应当也可以作为基础课程,承担通识教育中人文的核心功能,这与教育生态理念是完全吻合的。大学语文课程在大学阶段应是重要的"通识"课程,贵在以学生的需要为中心,力求引导学生,使他们确立自觉、积极学习的态度。

3.素质教育是一种可持续发展的生态教育理念

在教育领域来说,可持续发展的教育作为一种追求生态平衡的教育,既要满足当前社会对教育的需求,又要满足未来对教育的要求。那么从教育指向来说,能够实现可持续发展的教育,只能是素质教育。

素质教育的核心是以人为本,致力于使学生具有初步的创新精神、实践能力、科学和人文素养以及环境意识;具有适应终身学习的基础知识、基本技能和方法素质教育观念。在生态学理念中,人是自然的人,教育需要尊重人的自然性、习性,也就是尊重生命。因此,素质教育的本质就是回归生命本体的教育,一种可持续发展的生态教育。

教育生态平衡要实现,就必须全面推进素质教育。因为只有实现了教育生态的平衡,才能实现真正意义上的素质教育。对大学语文来说,也必须是素质教育,只有实现可持续发展的教育,才能实现人的全面发展这一教育目标,也才能让大学语文教育既满足当下又着眼未来。

第一,大学语文教育必须遵循可持续发展规律。可持续发展理念要求大学语文教育不仅仅关注教育本身,更要注重与社会、经济、文化等各个方面各个领域的连接协同,只有素质教育能让彼此都达成可持续发展的共识,并共同努力,促进整个社会的可持续发展。

第二,大学语文教育必须放眼未来。立足当下、追溯历史是大学语文教育的眼前利益,但可持续发展理念倡导的是着眼长远利益。因此,大学语文教育在教育资源开发、教育环境的营造、教育关系的建立等方面,都要既考虑目前教育呈现出的现状,更注重教育发展的未来方向。这是素质教育的必然发展方向,更是面向教育未来的责任担当。

第三,大学语文教育必须致力于人的可持续发展。可持续发展教育不仅应当关注整体的可持续发展,更应关注系统内每个个体的可持续发展,这是由于人们交互作用的产物——社会的发展就是人的发展和为人的发展。素质教育正是从每个人的需求和特点出发,追求长期的、全面的发展。这种发展既要满足个体眼前的利益需求,又要保证将来的个性完善;既要满足个体的物质利益需求,又要保证精神的圆融满足。

4.母语教育是大学语文的根本生态属性

母语是一个民族文化的纽带和载体,是一切学习教育的基础,也是人类与社会之间、人与人之间最自然的语言。母语是自然生成的,与自然环境之间有天然的、紧密的联系。母语教育则是一种最自然的基础教育,来自生活,去往生活。

生活就是一种生态,是自然、社会和人结合起来的统一生态。母语教育也是大学语文教育理想的教育模式,体现了一种和谐的教育生态理念。

母语的教育资源无处不在,无处不有,母语是交际的工具,是表情达意的工具,也是人认识生活,参与生活的工具。

首先,人在进入系统学习之前就已经掌握了一定的母语经验。从出生至入学这段时间内,就在家庭和社会文化的熏陶下,有意或无意掌握了大量的词汇和初步的语言规则。特别是网络时代开放的电子信息,让儿童在入学前对母语的掌握和运用已经具备一定的基础,且有了一定的文化差异,这种基础和差异都是一种自然的呈现,更是一种宝贵的语文学习资源。

其次,母语教育的学习过程和日常生活是交融在一起的。人的成长过程就是母语的学习和使用过程,自然规律与教育规律必须和谐相处,彼此促进。不论表达、接受和传递怎样的文化教育和从事怎样的生活活动,都离不开母语这一交际工具,母语文化的大环境自始至终伴随着学生的一生。因此,母语文化是在不断发展的,母语教育是在持续进行的。母语教育也只有建立在学生生活经验的基础上,才能激发这门学科的活力,才能激发学生学习这门学科的活力。

5. 大语文观是一种普遍联系的生态教育理念

大语文观是指以科学的人文精神为指引,以全面发展的人才为培养目标,从多种角度和途径,全方位立体化学习语文知识,从而实现语文教育目标的思想、观念和方法。

"学习母语,是靠尽可能多地接触语言材料,尽可能多地利用语文教育资源,在大量的、丰富多彩的语文实践中培养语感,逐渐感悟习得,逐渐掌握运用语文的规律。"把语文看作是母语教育,把语文教学置于社会生活中,利用生活作为语文教育资源,在实践中学习和使用语文,这就是大语文观。

大语文观在本质上看,就是一种教育生态理念。二者共同的哲学基础是,认为教育内容、教育资源和教育环境作为生态因子,是互相联系、相互制约,并动态生成的。大语文观重视环境对教育的影响,让教育过程覆盖到生活的方方面面,这与生态哲学中的整体观和普遍联系的理念不约而同。

这种契合就要求语文教育需要遵循整体性、系统性,具有开放性,尊重生命性,追求生态平衡。体现在教育环境上,就是将整个汉语社会看作是语文教育的大课堂,全方位分析环境与人的互动共生关系;体现在教育资源上,就是把生活交际的一切都作为教学文本和实践载体;体现在教育方式上,强调综合性、自主性的对话式教学;体现在教育评价上,就是注重过程性评价,尊重多元化。

在大学语文教育的范畴内,大语文观也是教育生态理念在指导思想上的体现。在观念上,要高;在内容上要全;在方法上,要变;在范围上,要广。这需要大学语文教育的管理者、实施者和研究者共同学习、体会、总结和实践。

无论是高等教育中的概念"素质教育""通识教育",还是语文教育中的概念"母语教育""大语文观"都是一种教育生态理念,符合生态学的认识论和方法论,也因此可以说明从生态学的视阈去开展大学语文教育研究,是完全可行和必要的。

二、大学语文教育的生态因子

大学语文教育生态系统的生态因子有很多,任何与大学语文教育相关的教师、教室、教材等都是其中之一。而对于大学语文教育的良性生态因子分析,主要包含教育主体、教育资源、教育过程、教育环境、教育关系、教育规律等。主体、资源和过程侧重于大学语文教育体系内部的建构与完善,环境、关系和规律则指向对大学语文教育有较大影响的因素分析和利用问题。这些生态因子共同构成了大学语文教育的生态系统,共同促进大学语文教育的生态平衡发展。而各个生态因子系统的互相制约和共生发展,也是大学语文教育生态系统能达到平衡发展的决定性因素。根据生态因子的不同,大学语文教育生态系统可下分为教育主体系统、教育资源系统、教育环境系统等。

教育生态系统因子中,教育生态主体和教育生态环境既是两大不可分割的部分,也是一个由多种生态因素组成的复杂整体,它们都对教育者和受教育者在教育活动中的认知、情感和行为产生影响,对教育活动进程和效果施加持续的系统干预。

因此,要讨论大学语文教育的良性生态因子,最重要的是考虑"两个主体"和"三个环境":"两个主体"指教育者和受教育者,"三个环境"是指自然社会环境、学校家庭环境、个体内在环境。除此之外还有"两个关系"

和"三种规律":"两个关系"指人与人的关系、人与环境的关系,"三种规律"指自然规律、社会规律、教育规律。

(一)大学语文教育的生态主体

从生态哲学的意义上看,生态就是由生命要素组成的主体的自我成长和更新。而在教育中,这个生命要素组成的主体就是人。因此,大学语文的良性教育生态主体是人,目标就是培养生态自然的人和平等共生的人。

1.回归教育生态主体的自然性

这里所说的"自然"是生态文明时代里主动生态化的"自然",也就是尊重人的个体价值,尊重生命本身的意义,顺其自然去引导,使之成为应该成为的那个人。

第一,这是自然规律的根本要求。人是自然界的一部分,追求教育主体生态化的自然,是顺应自然规律的必然选择,这要求大学语文教育重视人的自然属性。

第二,这是人和谐发展的真实需要。人本身是由具有自然性的生命要素构成,人的发展与自然规律、自然环境、自然因素息息相关。要达到人的和谐发展,就需要在教育过程中主动发现和把握人的身心发展自然特点,遵守其自然发展规则,积极寻找人在教育中的生态位。生态心理学等研究人类身心规律的学科不断发展,为大学语文教育目标的生态自然提供了有利条件。这要求大学语文教育关注情感熏陶,尊重个体生态差异。

第三,这是社会发展对教育的时代要求。当前社会主义和谐社会的建设对高素质的生态型人才提出了要求,这种人才的核心特征就是身心和谐,有强烈的生态理念。

2.实现两个教育生态主体的平等共生

大学语文教育生态系统的主体包括教育者与被教育者。二者的相互共生是教育生态平衡的关键要素,教育者和被教育者在教育系统中互相依存、相互作用,且能够彼此转换。

首先是教育者的客体化。大学语文的教育者首先也应该是个受教育者,母语的学习是终身的,教育者对语文的学习也应该是伴随一生的。因此,在教育过程中,要求教育主体能主动意识到自己的客体化,并能够在大语文教育体系中接受教育。其次是实现被教育者的主体化。受教育者在教育过程中应该成为学习的主体,主动学习。最后,是实现教育者与被教育者的平等化。

大学语文教育关系的三个层次,最低层次是教师主体化,较高层次是学生主体化,最高层次则是师生真正的平等,也就是教师会教,学生会学,师生各自以一种理想能量的互动关系存在,既不失位,也不越位,共同协调、促进大学语文教育的和谐发展。

在教育者与被教育者的平衡中,还要求社会给予足够的支持,建构起覆盖全社会的教育网络体系,让教育者和受教育者都有足够的社会资源支撑学习。

(二)大学语文教育的生态环境

教育的环境往往是自然因素、社会因素和文化因素(包括人的心理、生理因素等)相互交叉渗透、融会贯通的复合生态系统,也可视为是由教育的自然环境、社会环境、规范环境和教育对象的生理和心理环境的综合。

教育生态环境对大学语文教育的发生、存在和发展产生着影响与反影响作用。大学语文教育一方面需要积极主动地适应环境的发展要求,同时也能积极有效利用环境获得自身更好的发展。

因此,大学语文教育生态系统,时刻与外部的社会生态环境和内部的主体生态环境发生着作用,并通过不断地适应和能动地影响环境,使其达到动态平衡。这样的互相适应和改造的过程就是对大学语文生态环境的优化。大学语文教育的生态环境可以分三个层次:一是外部的自然和社会生态环境;二是学校和家庭环境;三是个体心理和生理等内在的环境。因此,大学语文的良性教育生态环境包括四个方面:

1. 贯穿生态文明价值观的社会生态环境

经济发展的模式和速度,经济增长方式和利益追求方式都会对教育产生一定的现实影响,大学语文也不例外。要实现其对大学语文的积极促进作用,营造贯穿生态文明价值观的社会生态环境,需要社会各界的共同努力。

2. 开放自主教学相长的学校生态环境

学校生态包括了学校以学风为代表的学习氛围,以教风为代表的教学氛围,以校园文化为代表的文化氛围。因此,大学语文教育需要营造一种开放自主、以学生为本的生态环境,让学生自己把握学习的主动性;同时也需要营造一种教学相长、专心从教的生态环境,让教师在教学中展现价值,而不仅仅是传授知识的工具;此外还需要营造一种学校开放包容、自由文明的生态环境。从教育管理理念上就树立起大语文观,与学生家庭、其他高校等社会各界形成整体效应。

3. 氛围融洽重视母语的家庭生态环境

家庭教育是大学语文的重要教育资源,父母或亲人也是大学语文重要的教育者之一,潜移默化地发挥着或正或反的作用。作为母语教育,大学语文教育比其他学科更容易受到家庭因素的影响。家庭生活是大学生日常生活的重要部分,家庭在母语的学习和使用中占有不可替代的独特位置,因此也成为大学语文教育重要的教育资源和实践平台。一个良好的家庭文化氛围,能有效促进大学语文教育的实际效果。而作为人际关系中的重要部分,父母亲人的语文素养、教育理念和学习方法,对大学生也有着润物细无声的潜在影响。有效的大学语文教育,应充分肯定和利用家庭对大学生良好语文素养形成的积极因素,让学校、家庭和社会在密切结合和相互促进中推动大学语文教育的发展。

4. 健康稳定积极向上的个体内在环境

个体内在环境指的是受教育者个体内在的身体、心理因素。身体因素是比较容易理解的,健康的身体是学习的基础条件。而同样的,心理因素也是学习中有较大变量的生态条件。越来越多人开始认识到健康的重要性,积极锻炼打好身体基础,是有效学习的先决条件和必要条件,对大学语文而言亦是如此。而心理因素就较为复杂,需求、愿望、情感、认知、信念等都是。因此,大学语文教育在个体受教育者身上到底实效如何,兴趣、意志、性格和习惯都会起到一定的左右作用。

(三)大学语文教育的生态关系

教育生态系统中,生态关系就是指与教育相关的所有生态因子之间及其与生态环境之间的关系。那么,在大学语文教育生态系统中,就是师生、生生、与父母亲人之间的人际关系以及个体与大学语文教育环境之间的关系。因此,大学语文的良性教育生态关系首先分为人与人之间的和谐关系、人与环境之间的和谐关系。

1. 人与人的和谐关系

第一是平等和谐的师生关系。师生是最显性,也最直接作用于大学语文教育的人际关系,因此也备受关注。在生态系统中,师生关系是可以互相转化的。在终身母语教育中,教师既是教育者也是受教育者。作为独立的生命个体,师生之间也应该是平等的。因此,在大学语文教育生态系统中,最首要最关键的就是师生关系,使之平等、协调、合作、对话,互相促进、彼此交融。

第二是融洽和谐的亲情关系。前面谈到作为人际关系中的重要部分,父母或亲人的语文素养、教育理念和学习方法,对学生有着润物细无声的潜在影响。这一点在幼儿教育中研究和实践中已经得到了验证。教育不仅是学校和教师的责任,也是社会和家庭的义务。作为最重要的交际工具,母语在父母或亲人与学生个体的交流中有举足轻重的作用,从而也对大学语文教育的外在系统起作用。重视大学语文教育中的亲情关系,将其纳入教育系统中,并着力发挥其正面引导作用,是研究者和实践者都应该引起注意的课题。

第三是合作和谐的生生关系。作为独立的生命体,学生在教育生态系统中也与其他个体之间有着相互影响的密切联系。在课堂上学生之间的关系比任何其他因素对学生学习的成绩、社会化和发展的影响都更强有力。因此,在大学语文教育中,需要更多组织和调动学生之间的合作精神,促进学生之间情感的交融、思维的碰撞。

第四是团结和谐的师师关系。和生生关系同理,教师与教师之间的关系也是有一定影响的。教师个体之间的社会责任、社会权利和社会地位都是平等的,因此平等互尊是最重要的交际原则。这要求教师之间应该互相尊重、互相欣赏,在学生面前自觉维护其他教师的权威,给予其他教师的教学思想、方法和劳动成果足够的尊重。同时自觉营造好团结协作的氛围,让教师之间存在的意见分歧,通过交流对话的方式加以解决。一个积极向上、团结协作、理论联系实际的大学语文教师团队,对教师自身素养的提高、教育理念的提升、教学水平的加强都是有积极促进作用的。

而且值得注意的是,教师处理同事关系的行为为学生与同伴群体、成人交往提供了参照,是学生学习语文的学校生活环境,学生往往会将教师之间的交往行为与语文教师传递的人际关系处理理念相印证。

2.人与环境的和谐关系

大学语文教育的生态环境前面已经讨论过,不管是教育者还是受教育者,与社会、家庭学校以及个体内部环境之间都存在着各种复杂的关系。普遍联系这是生态哲学的重要观点,也是对大学语文教育优化的重要启示。这些复杂的关系包括范围非常广泛,例如从宏观来看,教师与社会、经济背景之间的关系,学生与社会道德水平之间的关系以及师生与高等教育发展之间的关系;从微观来看,师生与教材、课堂的关系,与网络社会媒体交流之间的关系,等等。环境是个复杂的多面体,因此人与环境之间的关系优化也是一个复杂的多元体系。这要求人们尽可能全面去考察大学语文教育面临的各种环境要素,去分析各个要素对个体的正反作用,并对其权重有所判定。在具体的教学实践中能够全面、系统、动态地看待每个要素,并着力于发挥其正面作用,这对大学语文教育效果也是非常重要的。

每一种生态关系都存在紊乱和协调、互补和对冲等状态。对生态关系的优化就是让生态关系处于相对整体协调、互补共生的状态。大学语文的良性教育生态关系就是人与社会、学校、家庭之间的和谐共处以及人与自身个体内在环境的和谐统一。

(四)大学语文教育的生态规律

规律是事物存在和变化过程中所固有的、本质的、必然的稳定联系。任何事物运动过程都是有规律的,生态规律就是生态运动过程所内含的固有、必然和本质的联系。大学语文教育的生态规律按照所属领域不同,分为自然生态规律、社会生态规律、教育生态规律。

1. 关注生命价值的自然生态规律

任何一种生态规律的提出都是以生态哲学为基础的,而尊重自然性是生态观的重要观点。因此,生态系统首要的还是遵守自然生态规律,尊重人与事物的自然性。教育不例外,语文教育更不例外。在大学语文教育领域来说,首先就是树立自然生命观,将人回归自然生命体的本性,关注生命价值,并用自然的眼光去认识和理解自然界的事物。

2. 关注母语交际的社会生态规律

社会生态规律是指人类生态系统或社会生态系统的运动规律,是主导人类生态运动过程的规律。人类生态系统与纯粹的自然生态系统不同的是以人及其社会组织为主体,沿着维持人的生命存在以及社会繁荣的方向运行。因此,可以说社会生态规律既包含了自然生态规律,又因为有人为的介入和目标,比自然生态规律具有更复杂的形式、内容和特点。而在社会现实当中,母语交际贯穿了社会发展的各个环节。因此在大学语文的良性生态因子中,需要人们尽可能认识和理解与之相关的社会生态规律,融入大学语文教育过程中来,特别是重视母语交际的社会生态规律,在母语历史文化沉淀、语言的发展规律等方面需要更多的结合交叉和统筹思考。

3. 把握语文本质的教育生态规律

规律其实就是一种关系,各种关系当中最本质的关系才是规律。教育中的关系非常多,教育者与被教育者、教育者之间、被教育者之间、教育主体与环境之间、教育方法与教育评价之间,等等。这些关系当中,最本质的必然的关系就是教育规律。在众多纷繁复杂的教育现象中,如何去梳理总结归纳其本质联系,辨别、发现和把握教育规律,是大学语文教育生态系统需要重视的地方。

教育生态规律很多,在大学语文教育生态系统中较为常见和重要的有三个:耐性规律、限制因子、富集规律。

首先是耐性规律。这个规律需要研究教育生态因子的耐受度,并让各个因子在正常的耐受度范围内发挥更大的作用。

其次是限制因子。在教育生态系统中,临近或者超过耐性限度的生态因子,就成为该教育生态系统的限制因子。限制因子的存在制约教育系统的正常运动和发展,需要不断去发现和优化。教育生态系统中的限制因子是多种多样的,例如目前学生人数过多、专业教师过少,都是大学语文教育显性的限制因子。从影响大学语文的要素上看可以分为自然的限制因子、社会的限制因子、精神的限制因子等,要看到这些限制因子的客观限制性,足够重视、理性分析,排除限制作用和影响。

最后是富集规律。教育生态系统中的物质流、能量流、人才流、信息流等高度集中,造成富集现象。教育生态系统中的富集现象一方面可以促进教育生态系统的发展,对整个生态系统的优化起作用。

以生命关怀为出发点和落脚点,重视各类生态环境的影响,关注各种复杂的语文关系,尊重各种生态规律的大学语文教育,可称之为生态的大学语文教育。因此,大学语文的良性生态因子包括体现自然性、追求平等共生的教育生态主体;贯穿生态文明价值观的社会生态环境、开放自主教学相长的学校生态环境、氛围融洽重视母语的家庭生态环境、健康稳定积极向上的个体内在环境;和谐的人与人之间关系、人与环境之间关系;关注生命价值的自然生态规律、关注母语交际的社会生态规律、把握语文本质的教育生态规律。

三、大学语文教育的生态特征

生态系统理念和动态平衡理念是生态哲学的基本理念,生态圈理论、全面和谐发展理论、可持续发展理论是生态哲学的三个基本理论,整体观、和谐观和发展观是生态哲学的三个基本观点。

(一)大学语文教育的整体有序性

生态系统的整体性观点是生态哲学的基本观点。生态系统的整体性主要表现在其和谐、有序性且动态,那么,相应的大学语文教育生态系统也有和谐、有序和流动的特点。大学语文教育受到社会、文化、经济的环境影响,彼此适应互相统一。大学语文教育内部的各个生态因子,教师、学生、教材、教学法也是互相联系,彼此作用的。在大学语文教育的系统内部,还有多个子系统,这些子系统有自己的位置和秩序,但同时不管是生态因子还是子系统都在不断动态变化中的,这种和谐、有序和动态共同构成了大学语文教育生态的整体性特征。

(二)大学语文教育的普遍关联性

生态系统的每一个环节都与其他的环节互相关联,牵一发则动全身。因而,大学语文教育生态系统内部的每一个生态因子都是普遍联系、相互作用的。每个生态因子的变化,都会引起其他因子的变化,因此各因子之间需要互相约束共生,协调发展。

同时,生态因子与外部环境之间也是有联系的,大学语文教育与自然环境、社会文化、科学发展等因素都是有着密切关系的,必须结合起来研究。了解这一点,对全面把握大学语文教育的问题,建构优化的实施策略有着重要的意义。

(三)大学语文教育的过程共生性

大学语文教育生态系统具有协调共生的特性,而且这种共生是在系统中的生态因子互动的过程中产生的,包括的是系统内部的教育主体之间、教育主体与教育环境之间以及大学语文教育生态系统与其他学科教育生态系统之间的共生和竞争。这种共生和竞争都应该是不断在运动变化的,并且一切都在过程中。

从这个意义上说,大学语文教育的生态因子之间是平等的,生态因子之间、生态子系统之间是可以正当、合理、良性竞争的,在过程中的协调共生才能促进大学语文教育的全面、健康、可持续发展。

(四)大学语文教育的动态平衡性

生态系统的动态平衡,强调的是人与自然、人与社会、人与人的和谐共生,指的是在某一个时空范围内,生态系统的结构、物质和能量的流动都处于一种相对稳定的状态,但这种稳定是处于相互适应与协调的动态之中。

因此,动态平衡规律同时具有动态和平衡的特性,也就是说在长期来看是具有绝对动态性的,但在某个时期内需要保持相对静态的平衡稳定性。在大学语文教育生态系统领域,就要求大学语文教育生态系统在一定的时空范围内,在具体的条件背景下应该在结构、物质和能量的流动都处于一种相对稳定的状态。但同时又要保持流动性,在不断地适应和协调流动中动态地实现系统的综合平衡。

(五)大学语文教育的自然生命性

生态哲学的观点是建立在尊重自然基础上的,自然规律必须遵循,人的自然性也必须遵从。这就让教育生态系统和其他自然生态系统一样,具有了强烈的自然属性,而对于人来说,最自然的属性莫过于生命。

因此,大学语文教育系统的自然生命性,就是系统在自然生态中的本原状态以及生命至上的教育观。各生态因子都有其自然性,回归自然本质,把握和遵循自然界的各种规律。同时,又在系统中尊重每个生命体的存在价值,让教育者和受教育者都回归生命体的本质。只有这样,才能让大学语文教育生态系统符合生态哲学,实现真正的和谐。

(六)大学语文教育的主观能动性

和自然生态系统不同的是,教育生态系统与人的生命息息相关。人又是有意识的存在物和社会存在物,具有智慧,能主动认识和改造世界,主体主动性在这里达到了高级的形式。人类正是站在其所在的生态系统的最高控制点上。因此,大学语文教育生态系统是人类可以控制的社会生态系统。人是系统中的主体,系统中的其他因子都可以通过人类的各种主观努力建构、改善和调控。

分析和把握大学语文的生态特征,对于更准确去探寻大学语文在生态学视阈下的历史、现状和发展方向,有一定的促进作用。这几个特征之间本身有一定的交叉融合,因此整体性仍然是最基本的特征。这就需要积极地探索和把握基本的生态规律,主动去协调、优化大学语文教育生态系统的各种生态因子,以实现各因子的位置的最优化、功能的最大化、互动的和谐化,最终实现大学语文教育生态的综合平衡。

第二节　大学语文教育的生态课程建构

课程是一种微观教育生态,构成这种微观生态系统的生态因子有课程目标、教师、学生、教学内容以及教学方法等,因子之间平等和谐、互动共生。大学语文生态课程追求一种回归自然、崇尚自主、整体和谐、交往互动、开放生成和可持续发展的课堂,是学生学习、成长和完善生命发展、提升生命质量的平台,同时也是教师专业发展,走向成熟的舞台。

理想化的大学语文课程是师生之间交往互动,共同发展的过程,在一种平等、和谐、开放的教育微观生态环境里实现全面和谐的发展。

一、大学语文教育的课程定位

引入"生态化"教学是大学语文课程方向的要求,"生态化"的教学理念会赋予大学语文课堂更多的和谐与生命力。

(一)确立多维目标

生态课程观要求课程最终目标是为使学生能够与自然、社会和谐共处,并从中汲取力量、获得智慧进而使身心得到和谐发展。这种发展是系统全面的。大学语文课程的功能是综合性的,不仅是通过知识学习促进大学生人文素养的手段,而且与德育、体育、美育相互促进,共同完成对学生进行全面发展教育的任务。因此,大学语文作为一种素质教育,应具有更强的多维综合性,发挥语文教育对学生语言修养、文学修养、文化素养、人格品质、思维创新等方面的多种教育功能。

具体说来应该首先是培养健全的人格,着眼于人的生存和发展本身,思考人的生命价值,获得自我完善、自由发展、平衡和谐的生存智慧;其次是要提升审美水平,引导学生通过自己的思考提高感知力和辨别力;第三是培育情感,唤醒学生丰富、自由、敏锐的心灵,关爱生命、关爱他人、关爱世界上一切美好的事物;第四是培养独立思维,在丰富的语文教学资源中引导学生自觉、自主去关注和思考世界上的一致性和差异性、理性和非理性。

这些目标看似复杂多样,但其内在是辩证统一的,在教学活动中是无法完全分开单独存在的。只是需要在课程设置和实施过程中在不同的阶段,根据不同学生的特点,通过不同的教学资源去实现。

(二)重视生命价值

大学语文教育应该承担起生命教育这一重任,重视情意的培养,教育学生尊重生命,体悟生命的可贵可爱,由珍惜生命再到追求生命意义,提升生命质量,创造生命价值。

因此,大学语文不仅在于传授给学生多少语言文学知识,培养多少读写技能,更重要的是,它通过一篇篇凝聚作家灵感、激情和思想的文字,潜移默化地影响每一个人的情感、情趣和情操,影响一个人对世界的感受、思考及表达方式,并最终积淀成为人的精神世界中最深沉、最基本、最稳定的东西——价值观和人生观。

这需要在大学语文的课程定位上重视生命价值观。尊重生命、敬畏生命,通过具体的、生动的教学实践唤醒学生对生命的热爱。大学语文课程教学要表现出的对人的价值、人的尊严、人的精神的充分关注,具有强烈的生命品质和人文关怀。

(三)融合多元文化

生态课程观要求把课程看作一个开放的系统,这种开放性决定了大学语文的课程性质必须有多元文化的融合,并体现在大学语文课程的母语特性和丰富内涵上。

第一,语文学科有独特的母语工具性。语文是所有学科的语言工具基础,任何一种科学文化的知识、信息、情感的传递也都必须以母语作为载体,而母语是需要终身学习的。因此,可以说大学语文课程在本质属性上就必然承载了各种文化。

第二,语文教育从古至今都与各种文化交融。我国的语文教育历史十分久远,且一直与经学、文学、史学、哲学等融合在一起。天文、地理、历史,都是以母语文本的形式,在古代教育中发挥着作用。而在现代,语文教育就是生活教育,生活中的所有文化都是语文教育的内容范畴。因此,也可以说语文教育内容的丰富性就体现了多种文化。那么大学语文课程从内容上也应该是多种文化的体现,注重多元文化的彼此交融。

第三,大学语文是通才教育的重要部分。在现代社会里,竞争愈加激烈,跨学科的复合型人才备受欢迎。全世界都越来越重视对大学生实施通才教育,而大学语文课正是其中必不可少的重要一环。从教育性质和功能上来说,在大学语文也需要有意识去融合其他学科的文化内涵,并有机结合到语文教学中来。

(四)凸显民族精神

在人类的初等、中等和高等教育的三级教育之中,高等教育主要是精神的,侧重于发展人内向度的精神品质,如自主精神、审美精神、信仰精神,并不断指向自由。这不仅是人的发展规律所决定的,也是日益发达的现代社会对高等教育提出的根本要求。

因此,作为高等教育和母语教育,大学语文必须担负彰显民族文化、凸显民族精神的使命。这就需要注意挖掘民族文化的精华,有意识地让学生认识、理解民族的优秀文化,并注重文学作品强烈的形象性、艺术感染力以及人格和道德的感召力,以此引导学生由衷产生对民族的认同感和自豪感,从而将千年历史沉淀下来的民族精神继续扎根和发扬。

二、大学语文教育的主体优化

在生态课程的建构中,应该将教育的主体扩大化和多元化,体现不同生命体的丰富性和个体生命的价值。

(一)把握大学语文生态课程的教育主体特征

在谈到生态学视阈下的教育主体时,必须树立以下几个观点。

1. 学生是不可替代的独特主体

首先,大学语文的学习只能是大学生自身主动进行的认知活动。教师的讲授、示范以及训练,都只有通过大学生自己的认识、实践、体验、内化生成才能起作用,而这个过程也只有由大学生自己积极主动地完成,效果才能最大化。其次,大学语文教育的主要目的是学生的全面发展。学生的全面发展正是建立自己成为学习主体的基础上,完成人文素质的提高和精神修养的升华,实现教育的最终目标。

2. 教育者的构成是丰富多元的

大学语文教育生态系统中的关系因子,决定了教师、同学、父母家人、朋友、一场讲座的主讲人、一场辩论的辩手、一部电影的编剧等都可以成为大学语文教育的教育者。而这其中,教师、亲属、朋友因其人际关系的亲密程度,人际交往的频繁程度成为学生个体最重要的教育者。这种多元的教育者观念,能让学生更有意识学习生活中的语文,提高学习的效果。当然,教师仍然是教育者中最重要的力量,其主体作用也是不可替代的。

3. 教育主体之间的角色可互换

教育主体指的是在教育活动中占主导位置的人,在大学语文教育生态化系统中,教育主体不仅是教育者,也是受教育者。教育者和受教育者作为生态因子是互相联系的,不仅互相影响也可以互相转换。教师是教育者的主要力量,但同时也是母语终身教育的受教育者。学生是典型的受教育者,但在合作探究性的教育过程中,又能因其对新生语言的敏感度,对网络文化的熟悉度,承担教育者的角色。这种互换在生态系统中是正常的流动,对大学语文教育的健康发展也是非常有益的。

(二)塑造大学语文的生态型教师形象

语文教师是大学语文教育生态系统中最富有生命力的生态因子之一。作为教育主体的重要部分,教师自身的教育理念、言语行为、人格魅力、情感价值和专业素养对受教育者,也就是学生能产生重要的影响。在与传统课程不同的生态环境里,教师需要重塑自己的形象,但这并不仅仅指完全放弃自己的主导地位。在具体的教学行为中,在丰富的师生互动中,关注生命价值,转换角色,丰富教学技能,树立自身的人格魅力,精心设计教学语言,因材施教、不断反思才是大学语文教育生态对教师的根本要求。

1. 转变教师的教学理念

教师只有先塑造自己,才能塑造别人,形成开放的绿色生态课程观。

一是率先树立生态意识。教师自身对生态文明、生态文化、尤其是教育生态学要有足够的认识和了解,这样才能把生态意识理解深化,从而内化到自己的教学之中。也只有真正树立了教育生态理念,才能正确认识目前大学语文的教育危机,正确认识教育生态系统的特点,把握大学语文教育系统的优化原则。用平等的眼光看待师生关系,用开放的眼光看待教学资源,用可持续发展的眼光看待教学评价,在教学中引导学生发挥主动性,确立生态意识,真正将大学语文课上成绿色生态课程。

这就要求大学语文教师不但要致力于一线教学实践,也要自觉学习国内外教育生态学范畴的著作及最新研究性成果,在实践工作中注重理论思考总结,在理论学习和研讨中贯彻生态意识。

二是正确认识教与学。在大学的课堂上,学生比中小学生更成熟,知识面更加广泛,学习方式也更加灵活丰富,大学语文教师的权威性比中小学教师更淡化,因此也会受到更多的挑战。这就要求教师与学生之间能有一种互助合作的教学氛围。

三是关注生命教育。生态价值观认为生命价值才是最本质的价值追求,教育就是要回归和实现人的生命价值,提升学生的生命质量。教师就需要最大程度激发学生学习的潜力,回归和实现学生的生命价值,满足学生内在成长的需要。

生命教育是大学语文教育的内容之一,关注生命教育不仅能让个体在受教育的过程中学到相应的知识和技能,更重要的是让个体有丰富的生命涵养,能够与他人、社会和自然建立良好的互动关系。教师可以通过有丰富内涵的教学资源,引导大学生认识和理解生命的可贵;通过精心设计的教学环节,激发大学生珍惜和追求自身的生命价值;通过对文学艺术的审美体验,帮助大学生发现和创造生命的美好;通过形式多样的实践活动,培养大学生正确的生命态度、生命意识。

2. 提高教师的综合素养

一是重视自己的人格魅力。"桃李不言,下自成蹊",人格是教师的灵魂,对学生有着重要的影响。教师人格是指教师作为教育活动的主体,在职业劳动过程中形成优良的情感及意志结构、合理的心理结构、稳定的道德意识和个体内在行为倾向。教师人格蕴蓄于内,行诸于外,是教师内在素养和外在言行的高度统一。这种统一没有职称、年龄和社会地位的影响,看不见摸不着,却对学生有着强烈的感染力和示范性。因此大学语文教师在教学过程中必须重视自己的人格完善和展现,以自身的人格魅力感染学生,言传身教。教师的人格魅力体现在处处为学生着想的小事上,从教学生活的点滴细节中向学生传递为人之道。

首先要热爱岗位,投入教学。大学语文教师应该首先展现出对语文和语文教学的热爱,对工作的热情和积极性。

其次是严于律己,谨言慎行。教师的各种言行在学生眼中都是会被聚焦放大的,个人文明礼仪的自我提高,个人行为的自我约束,就显得非常必要了。这就要求大学语文教师必须规范自己的言行,学为人师,行为是范。

最后是要有师德,为人师表。大学里,教师对学生的情感关注尤为重要。不仅要在课堂上对学生平等对待,课堂下也积极关注和回应学生的需求。

"以渊博的知识培养人,以科学的方法引导人,以完善的人格唤醒人,以优雅的气质影响人。"这就是理想的教学境界。

二是展现自己的独特个性。教师的职业形象,是其精神风貌和精神状态与行为方式的整体反映,包括道德、性格、气质、兴趣等内容。

教育是"在一定社会背景下发生的促使个体的社会化和社会的个体化的实践活动。"在倡导个体生命价值的语文教学中,不仅学生需要珍惜和发展其个性,教师也需要保持和展现自己的独特性。如墨子所言:"染于苍则苍,染于黄则黄",教师的个性展现对学生有着较强的示范和鼓励作用。对事件有自己独立思考,对文本有自己独到见解,这样的教师在教学中自然就会引导和感染学生善于思考、勇于创新。

同时,教师的个性鲜明与否也是当代大学生对教师认同与否的重要标准之一。大学语文教师可以充分利用自身个性品质,实施独具特色的个性化教学。个性化的教学能更有效调动学生的积极性和兴趣,让课程更加愉悦。同时,通过教师的个性展示也丰富了学生的审美体验,展示了丰富独特的个性心理。当然,将教师独特的"语文特质"转化为隐性教学资源,更能增加教学效果。

不过,这种独特性的展现必须适度。大学语文教师的个性应该更多带有语文味道,有意识、有角度、有尺寸去展现给学生,并以此激励学生,带来积极的正面影响。

3.丰富教师的角色定位

语文学科自身的丰富性,生态教育决定的多样性,都让大学语文教师的角色变化多元成为必然。这要求大学语文教师遵循大学语文教学的丰富规律,使学生的主体性得到真正释放,创造性得到真正发挥。同时,也明确自身职责,坚持自身定位。

一是思维的点火石。这就需要大学语文教师通过精心设计的教学环节触发学生的思维火花,营造一种活跃的课堂氛围。做学生思维的引导者,激发学生个体的自主思考。所谓"抛砖引玉""一石激起千层浪",这块"砖"和"石"应该就是大学语文教师首先要成为的角色。

二是课堂的导演。现在大学语文教师更应该是个导演,透彻理解剧本,精心设计镜头,明确表达目标,并善于采用丰富的语言和动作将学生演员带入课堂这个舞台,让学生自主创作和表演,更深入挖掘剧本的内涵和精髓,更生动表现出作品特色和灵魂。

一个出色的导演,既要对剧本了如指掌,对舞台有整体把控,更要对演员有足够的信心和耐心。同时,还要能敏锐看出演员的问题,及时加以点拨和纠正。把课堂还给学生,给予学生发挥主观能动的机会,在教学资源的选择、教学环节的设计、教学评价的设置上都充分尊重学生的意见,增大学生参与主导的比例,只有这样才能让学生真正成为大学语文教育的主体之一,激发他们"表演"的热情和积极性,并在"表演"中加深对教学内容的理解和内化。

三是学海的舵手。在大学语文教学中,教师还需要带领学生在茫茫学海里找到正确的方向,朝着更积极、和谐、全面的方向发展。

因此,大学语文教师还要扮演好舵手的角色,在教学中把握方向,及时纠偏,将学生引向全面和谐可持续发展的最终彼岸。纠偏的时机和方式如何能让学生接受又达到最佳效果,也需要教师掌握更多的教学艺术加以探索和实现。

4. 打造教师的职业素养

大学语文教师要完成教学,必须扎实提升自己的职业素养。这里的职业素养,一方面是指自身的语文专业素养,一方面是指与教学有关的职业素养。

一是夯实自身语文素养。在大学语文生态课程观影响下,对语文教师的主体作用发挥要求更高了。教师更需要通过自己的语文素养,扮演导演和舵手的角色,这其实是在更高的层次上对教师的语文素养提出了要求。

语文素养是语文能力和语文知识、思想情感、语言积累、语感、思维品质、品德修养、审美情趣、个性品格、学习方向、学习习惯的有机整合。大学语文教师的语文素养不仅仅指字词句、语法和文学常识,也包括自身的语感、思维、审美等各方面的知识、情感和能力。

要提高大学语文教师的语文素养,首先需要教师强化终身教育的观念,主动与学生形成合作共赢、携手发展的学习共同体;其次需要教师重视教研活动,在培训、研讨中与同仁不断交流,开阔眼界、激发思维、共同提高;最后需要教师充分利用网络等学习资源,以开放包容的姿态开展自主学习,积极主动掌握新知识、把握新趋势。

二是提高语文教学水平。在当前网络文化语境下,高校大学语文教师要重新建构自己的知识结构,更新教学理念,注重网络语言文学和规范的语言文学的比较分析,适时改变授课模式,丰富学生文学课堂形式,进而推进高校大学语文的有效教学。

系统的教学设计和有效的教学方法是大学语文教师必须大力探索研究的重要命题,这就要求教师必须对教学目标、教学资源、教学内容有清晰的认识,对学生普遍心理特征和个体特殊情况有全面的把握,对一般教学规律、语文习得规律、高等教育规律有深入的研究。

不管是探究式、合作式,抑或是以问题为导向、专题化教学,都是众多教学方法中的沧海一粟,在教学过程中因时空和对象的不同会产生不同的效果。唯有具体问题具体分析,因地制宜、因材施教才是不变的法宝。

总体上来说,大学语文教师应该致力于在教学设计上既要引人入胜、抓住学生的兴趣点,又要有主题有灵魂、体现语文的味道;在教学方法上既要灵活多样又要保持一定的稳定性。

提升教师教学水平的途径也有多种。在大学语文教学中,教师需要更多向中学语文学习和借鉴,向大学其他基础学科的教学实践寻求启示和灵感,重视学生意见反馈和可行性建议,重视学科的教学研究和交流,重视自我思考和总结,敢于尝试和摸索,勇于创新和构建。

三是加强实践教学能力。大学语文教学离不开鲜活丰富的社会生活。因此,让语文在活的环境中学习和应用,需要大学语文增加实践教学的环节,营造理论联系实践的氛围。这就要求大学语文教师不仅要有丰富理论知识传授的技能,更要有提高实践教学的能力。

首先,教师要在自身生活实践中体验和提高。语文教师必须先有丰富、多面、深刻的工作生活情感经历,才能拥有对语文实践的感性认识和经验,才可能提高有效运用社会生活生成的课程资源的能力。

其次,要有意识增加自己的实践机会。《关于进一步加强高等学校本科教学工作的若干意见》中就明确提出"通过政策引导,吸引高水平教师从事实践环节教学工作"。但和理工科等专业性较强的学科不同的是,语文并没有对口的企事业单位、工厂、实验室作为实践场所。但实际上每一个企事业单位、工厂、实验室都可以成为语文教学的实践基地。在制度还不完善的情况下,大学语文教师可以自主参与一些跨学科的实验以及各种类型的社会实践,扩大自己的生活圈,也就是增加实践机会。

当然最后还是要在广阔的实践中将实践能力转化为实践教学能力,这就要强化专题性的实践教学研究,尤其要注重发挥教学团队的作用。建立实践教学团队,建立定期的实践教学研究和交流制度,并积极探索实践教学能力提升的有效途径,开展多种形式的训练。

三、大学语文教育的关系优化

生态课程的教育关系则应该是特点鲜明的,需要教师准确把握。

(一)把握大学语文生态课程的教育关系特点

1. 教育主体之间的关系是双向互动的

从生态学的视角透视教育过程,就是一个信息互动、能量交换的过程,这种互动首先应该建立在师生之间。教师与学生在教育过程中,应该是双向的"对话"。只有师生之间的教育活动能达到双向流动,才能促进师生关系的平等融洽,从而促进整个生态系统的良性循环。同样的,学生之间的双向互动,才能真正激活每个学生个体。古人曰:"独学而无友,则孤陋而寡闻"。在互动中相互启发,互相影响,共同提高语文学习的效率和效果。这就要求大学语文教育过程中要给予学生足够的自主性,同时提供更多学生之间合作探究学习的机会,在互动中优化。

2. 教育主体与环境之间的关系是双向互动的

大学语文教育生态的优化,不仅要重视营造和谐自由平等的教育环境,还要着重发挥教育主体对环境的正面提升作用,在互动中协调发展。

3. 教育生态关系的互动是平等的

教育过程中的互动应该是建立在生态因子的平等基础上的,倡导的是合作式互动。在大学语文教育过程中,师生之间可以在教育资源开发整合、教育环节设计、教育评价设置等方面开展合作式互动,让学生更多参与到教育过程的主导中来。对学生之间来说,教师也要更多注意设计合作探究式学习环节,让学生在分工完成资源搜集、讨论完成课题研究、合作完成成果展示等过程中逐步提升语文素养,优化学习效果。

(二)构建大学语文的生态型教育关系

在生态型的师生关系下,学生获得教师的尊重、信任和支持,并愿意大胆表达自己的想法,以积极主动的态度参与到语文课堂教学中来,形成母语学习的良好习惯。教师也获得学生的尊重、信任和支持,并愿意与学生一起探索语文教学的各个环节,在教学中完善自我。这是理想中的大学语文师生关系,各自归位,各司其职又互相联系,互动合作,共同发展。要构建生态型的师生关系需要做到以下几个方面:

1. 互相尊重的情感互动

大学语文的教学过程不仅是一个知识传授的过程,而且是师生之间进行生命体验交流和情感交流的过程。这种交流的先决条件是教师与学生的平等,实现的是"有教无类"。

教师必须尊重每一位学生的尊严和价值,不能因为专业不同、基础差距、家庭和性格差异等个体因素而产生偏倚。尊重学生是良好情感互动的前提,尊重每一位学生的个体差异和特性,尊重每一位学生在语文学习上的快慢难易。在尊重学生的基础上还要学会欣赏和赞美学生,用轻松的语言营造愉悦的课堂心理气氛,在情感沟通中激发学生的学习兴趣。

师生双方的情感沟通是教育过程中最富有生命力的部分,也是最不可回避的部分。这种沟通是相互的,彼此影响也比较直接。教师主动与学生沟通,可以更快更准确地了解学生的心理状态和精神需求,而学生主动与教师沟通,则能让学生更快更准确地去理解教师的情感状态和精神追求。因此,平衡和谐的生态型师生关系不仅是教师需要尊重、欣赏和赞美学生,学生也需要对教师产生情感认同,并给予积极回应。当然,这个过程是彼此循环的,一个尊重学生的教师也必然会得到学生的认同,得到学生的尊重也必然会促进教师的情感加深。

2. 彼此合作的教学互动

教育生态理念强调确立师生的主体性,教师和学生都是大学语文教育的主体。在教学过程中,教师的主体性是借助教材和教学手段等客体,把自己的知识、技能和思想展现在学生面前,解放和调动学生的主体性;学生的主体性则是在参与教学环节、独立思考和表达的过程中深化自身学习的主体性,把教师传递的知识、技能和思想内化为自身的力量。这种互动需要师生双方的合作,而非竞争和对抗。

师生的主体性是动态的,双向互动的,在对话过程中不断激活,不断调节。大学语文教学过程中的师生关系就是主体与主体的交流与对话,而对话必须以理解为基础。

师生之间的对话应以双向理解为导向,在彼此理解和沟通中开展教学。就教师而言要认同学生作为独特的个体,愿意站在平等的角度呵护、帮助和激励学生,并能够容纳学生的不足和过错;就学生而言,理解则是将教师看作跟自己相同的个体,愿意接受教师的指导和帮助,愿意与教师一起建立和谐的教学关系,主动体会教师的教学意图,并允许其有不足和错误。

真正的理解也是建立在情感的良好互动上的,建立在平等尊重、互相欣赏上的。反过来说,真正的彼此理解才能达到由内至外的尊重和欣赏。因此师生之间,通过对话让彼此真诚而有效沟通、经常换位思考、找到对方的闪光点,才能让理解落地生根,也才能让教学互动呈现出合作而非对抗的状态。

3. 交响共鸣的发展互动

师生之间既然是互相尊重、彼此合作的平等关系，其最终指向不仅是学生的发展和独奏，而且应该是师生的共同发展，实现共响。教育是一个动态的过程，无论是教师还是学生都处于一个动态发展过程中。而生态型的大学语文师生关系最理想的状态就是能达到师生共同的进步和发展，实现人的全面发展这个教育的终极目标。

这种进步和发展，要求教师将自己置于终身学习的氛围中，在教学中不断提升自己；要求学生充分发挥自身的主体作用，在教师的引导下独立思考、敢于质疑，在学习中不断完善自己。

在大学语文生态课堂上，教师应该更多扮演一个帮助学生发现问题的角色，而如何分析和解决问题由师生共同探索研究，从这个过程中共同发表意见、获取知识、提高技能、沟通情感、发现创新，从而促进自身的发展。这一点的落实，激励教师主动学习，提升自身素养和教学水平，以满足学生日益增高的学习需求。特别是媒介素养的提升，完全可以在教学中的师生之间互相帮助、相互促进中完成。

构建生态型师生关系，让语文课在宽松和谐的课堂氛围中进行，在情感的沟通中达到平等尊重，在合作的互动中实现彼此理解，在共同的进步中完成发展，这是整体动态生态观的具体体现，也是大学语文改变现状的迫切需要。

第三节　大学语文教育的生态化教学设计

教学设计就是指依据对学习需求的分析，提出解决问题的最佳方案，使教学效果达到优化的系统决策过程。

而作为生态学视域下的大学语文课程，本质上是一种教育生态的微观系统，所以说教学是一个系统的过程，这个系统的每个生态因子，例如教育者、受教育者和课程资源、课程环境等都对教学效果起到至关重要的作用，需要用整体观、和谐观和系统观去看待。这种整体和谐系统观指导下的教学设计必然是有多个环节,且每个环节互相联系、协同运作、缺一不可,以实现系统的稳定和谐平衡。因此,课程的准备、实施、评价、修改教学都是作为一个整体过程去看待。整个系统中必须确定每一环节对实现预期结果所作的贡献。

一、迪克与凯里教学设计模型

教学设计是一个系统规划教学系统的过程。生态学视阈下的大学语文教育是一个追求整体和谐的教育生态系统。体现在教学设计上,也需要用整体、和谐、系统的观点去分析和操作。因此,系统化教学设计成为大学语文生态课程的首选。

迪克与凯里的系统化教学设计模型就正是这样一种系统化、整体化、重视环境、追求和谐的教学设计。迪克与凯里在 20 世纪 90 年代中期为教师写的教学设计普及读物《教师规划指南》中认为:教学设计是设计、开发、实施与评价教学的系统化过程。他们设计的系统化教学设计模型包括十个模块和一条主线,为教学设计程序的规范提供了范本,对大学语文也具有很强的实践意义。

(一)评价需求以确定教学目的

第一步就是确定在学习者完成了教学过程后能获得什么。也就是教学目的,这个教学目的是以学习者的需求为中心确定的系统目标。

(二)进行教学分析

教学目的确立之后,需要分析这个目的,由此给出实现的步骤,教学分析过程的最后一步是确定在开始教学之前学习者应该具备的技能、知识和态度。

(三)分析学习者和环境

分析学习者、分析技能的学习环境和应用环境。学习者现有技能、偏好和态度以及教学环境和应用环境的特点这些重要信息会影响模型后续步骤,特别是教学策略的确定。

(四)编写绩效目标

根据学习者学习前的基本情况和对教学目的、环境的分析,具体地确定学习者完成教学后能够做什么,这些对目标的细化确定了要学的技能、实施技能的条件和成功表现的评判标准。

(五)开发评测量表

基于所写的具体绩效目标,开发出相关的评测量表,以测定学习者对于目标中所描述行为的完成水平,重点在于将目标中所描述的行为种类与评测类型对应。

(六)开发教学策略

基于前面五步的结果,确定为达到最终目标在教学中要采用的教学策略。教学策略包括教学前的活动、信息呈现、练习和反馈、考试以及延展活动几部分,教学策略要基于当前的学习理论和学习研究的成果以及传递教学的媒体特点、要教的内容和接受教学的学习者的特点,这些数据既可以用于开发或选择教学材料,也可以用于产生课堂交互式教学策略。

(七)开发和选择教学材料

教学材料也就是教育资源,包括传统意义上的教材、教辅资料、试卷,也包括音频视频等计算机多媒体格式文件和远程学习的网页等,是否自己开发教学材料取决于要教的学习类型、现有的相关材料和可用的开发资源。

(八)设计和实施教学的形成性评价

一般有三种类型的形成性评价:一对一评价、小组评价和现场评价。各种评价类型为设计者提供了不同种类的教学改进信息,也可用于对现有材料或课堂教学的形成性评价。

(九)修改教学

整理和分析形成性评价所收集的数据,确定学习者在完成目标的过程中所遇到的困难,依据这些困难找出教学方面的不足。

(十)设计和进行总结性评价

总结性评价是教学有效性的最终评价,但它是用来评估教学的价值的,必须在完成了形成性评价,在教学已经进行了充分的修改,满足了设计者的标准之后才进行。总结性评价通常是由独立的评估员完成的,所以从本质上来说这个过程可以不算作教学设计过程的一部分。

以上的十个步骤,对于大学语文课程教学而言,也是非常具有参考价值的。特别是重视环境对学习的影响、开发利用多种教学资源、注重过程而非结果,这些理念都渗透着生态学的观点。

二、大学语文教育的生态化教学设计

根据系统、整体、和谐的大学语文教育生态学观点,围绕迪克与凯里系统教学设计模型中教学目标设计、教学资源开发、教学过程实施与教学效果评价四个大环节,将大学语文教育的生态化教学分为四个部分提出相关策略。

(一)生态化教学目标设计

迪克与凯里系统化教学设计对教学目标的编写非常重视,强调要清楚、准确地说明学习者在完成了教学之后应该能做什么,这将影响到今后的教学的主要内容和侧重点。

根据生态课程的特性,大学语文的教学目标编写应有一定的弹性、可变化性和个性;其次强调知识的情景性、整体性,强调知识应在大语文环境中展现,学生应在完成真实任务的过程中达到学习的目的,在设计教学目标时,生态化教学目标设计应遵循以下原则:

1.应该根据学生实际情况,弹性设计教学目标

不同层次的学校,不同专业的学生,都是有所区别的,这就要求教师在设置教学目标时要留有余地,能够有伸缩的空间。教学目标不完全等同于学习目标,因为学习目标是由学生自己确立的。因此,对教师来说,注意设计的教学目标与学生生成的学习目标有一定的契合度,非常重要。

这就要求大学语文教师与学生有效沟通，提前了解学生需求和现状，也就是学生的学习能力起点，这是首先要做到的。在从多数学生实际出发，根据大多数学生的"最近发展区"制订教学目标之后，也需要对特别优秀和相对落后的学生有所兼顾，也就是说教学目标的设置应该在某种程度上富有弹性，允许有一些个性化的区别。

2. 应该根据教学资源实际情况，系统化设计教学目标

教学目标是一门课程目标的具体化。因此，在设计针对一篇文本、一个教学资源的教学目标时，既要围绕这个文本这个资源，又要把眼光放在多个文本上。"大语文"的教学观念，母语教育的课程理念，生态课程的特点要求，都需要大学语文教师在设计教学目标时具有整体观和系统观，根据学生循序渐见的教育规律，根据语言学习的基本规律，根据教学资源的具体情况，有意识将"这一课"放到一个单元、一个学段的时空中以及放到一种语文能力、一个人的语文素养这样更庞大的体系中。因此，深入探寻这个教学资源在课程体系中处于什么位置，有什么特点，能达到何种预期效果，与后面的学习有何种关系，是教学目标设计中需要注意的。

3. 应该根据对教学过程的关注，展开性设计教学目标

生态学视域下的大学语文研究认为大学语文教育重要的是过程，而非结果。在针对教学目标的设计中，不仅需要预期教学效果，更要将目光聚焦到学习过程中学生的行为表现和情感体验。这就要求大学语文教师认真研读深挖教学资源，充分了解学生，在课程中设计一些能够引发学生思考和讨论的问题，激发学生的学习主动性。这里所说的大学语文教学目标是在这个讨论的过程中学生能够得到和提升的。给学生展开的空间，这也是教学目标设计中就应该考虑的。

4. 应该根据学习者的表现，设计反思性教学目标

生态课程观要求教学目标是开放性的，这符合语文教学的特点。语文能力的提高不是一门课程就能做好的，大学语文教育的教学目标应该是具有一定开放性的，在这一文本中，这一阶段中学生到底能获得什么，这不仅仅是教师的判断，还应该是学生的自我反思。而对于大学生来说，

对自己的学习已经能拥有足够理性的了解和判断。因此大学语文教学过程之后的结果是教师需要考虑的因素,但教师也要关心学生在教学活动中做了什么,做的结果怎么样以及学生对学习过程的感受和反思。也就是说在教学目标设计中就要考虑让学生意识到自己在语文学习活动中做了什么,做的结果怎样。

根据迪克与凯里模式,教学目标应由以下三部分组成:第一部分为教学分析中确定的技能和大体的行为,可以既有动作,也有内容和概念;第二部分描述学习者完成任务时的条件,是否允许使用其他资源?这是关于学习者能用什么完成所期望的学习结果的问题;第三部分是描述用来评估学习者表现的评判标准。

(二)生态化教学资源开发

开发和筛选教学资源材料是迪克与凯里系统化教学设计中的重要环节。针对大学语文现状中教材质量参差不齐的问题,在生态课程的建构中,本节将其扩大为教学资源。教学资源是为教学的有效开展提供的素材等各种可被利用的条件,通常包括教材、案例、影视、图片、课件等。

生态课程观念告诉人们,开放性的教学,教学材料并不局限于教科书,所以教师在教学设计中对教学材料的开发就更为必要。

进行了教学材料的设计和开发,教师在上课过程中就能很好地根据材料引导学生。

1.理解生态化教学资源的特征

大学语文生态课程的教学资源具有开放性、生成性和生活化的特点。

(1)教学资源是完全开放的

大学语文教育应当以开放的姿态,将生活中的所有语言片段、文字材料、媒体数据都看作是课程的资源。只有将生活的方方面面都当成课程资源,才能让大学语文在母语教育的属性中,在大语文观的审视下丰富多元、生动具体。

(2)教学资源是不断生成的

在现实中各种鲜活的语言现象、不断产生的文学作品,都是大学语文课程的重要资源。这些资源每天都在不断更新。经典的文学作品还在变换角度解读,新的文学现象又在前赴后继中催生。特别是网络文化的冲击,语言和文学都在迅速发生着变化。

(3)教学资源是与生活同步的

和其他学科的课程资源不同,母语教育与师生的日常生活紧密相连。不论是口语交际,还是书面表达,抑或是思维过程、情感抒发,母语是基本工具,母语教育也就与每个人生活的每个过程都息息相关,不可分割。大学语文教育是母语终身教育中的一环,因此可以说大学语文课程生态化资源与个体生命中的高等教育这一阶段生活基本是同步的。

生活即教育。只有让教育与生活同步,才能让教育的材料、教育的方法、教育的工具、教育的环境都可以大大增加。

2.重视隐性课程的生态教学资源

将大学语文课程的教学资源看作是动态生成的生态化开放体系,让母语高等教育扎根生活,与生活密切相关,回归生活,成为生活的一部分,这也是大学语文课程生态化的重要步骤。

所谓隐性课程是与显性课程相对应的范畴。显性课程是学校教育中有计划、有组织地实施的"正式课程",也就是课程表和成绩单上能够看到的课程。而隐性课程则是学校通过教育环境(包括物质的、文化的和社会关系结构的)有意或无意地传递给学生的教育经验。

因此,大学语文隐性课程指在学校规定的官方语文学科课程之外,潜移默化地影响学生的知识、态度、价值观念的非预期的语文课程。作为语文课程系统的生态因子,隐性课程是对传统语文显性课程的补充。隐性课程资源的有效开发不仅可以优化语文课程结构,为反复的语言实践提供更超越课堂时空限制的平台,在潜移默化中提高学生的审美素养和人文修养。

大学语文隐性生态课程资源相对显性课程资源来说,有潜在性、广泛性和不确定性、难以定量等特点,也有语文课程特有的审美体验性,隐形课程资源从呈现状态来看可分为物质文化资源、精神文化资源和行为文化资源。

物质文化资源包括校园所在的地理位置、周边环境以及学校的建筑风格、空间布局,教室内的布置以及校园的石刻雕像、道路名称等。学校物质环境的好坏,实际上就体现了教育管理者的价值观。

精神文化资源包括学风校风、人际关系、文化氛围,也包括学校制度、办学宗旨、教育价值观等。学校的各种规章制度以及校训、校园精神和教风、价值观念等都能激励、感染和引导学生完善个性,提升素养,为教学创设良好的环境氛围。

行为文化资源包括师生交往、生生交往等各种人际关系行为体现出的文化资源。其中的教师个人魅力展现、学生个性特征表达、交际礼仪文化等都能对学生产生影响。同时,师生交往和生生交往都主要体现在教育过程中,这个交往过程中的一切都能成为大学语文的教育资源。

认识和利用大学语文隐性的生态课程资源,就是要将学生从课本中解放出来,让学生与自然、社会和现实亲密接触,在与现实生活的接触撞击中感受生活、认识生活,从而主动地学习。

3. 把握生态化教学资源的开发原则

显性课程资源和隐性课程资源共同构成了大学语文的课程资源,要让这些开放的资源整合起来,发挥其应有的积极作用,服务于大学语文教学,就需要有意识有计划地开发。而无论是什么样的教学资源,在开发利用的时候要遵循几个原则:

(1)统合原则

把握尺度,考虑系统性。无论是显性的课程资源如教材,还是隐性的课程资源如校园文化、流行歌曲、教师魅力等,都应该统筹考虑,注重发挥其互相补充,互相促进的合力。因此,在对大学语文课程资源,特别是隐性课程资源的开发时,必须本着统合的原则,将各种形态的资源科学合理地进行组织设计,发挥出整体的最优功能。

(2)自然原则

把握个性,考虑差异性。这里的差异有多个维度,一个是地域,一个学校性质,一个是学生个体。根据我国的实际情况,不同的地方特别是不同民族聚居地的自然差异是较大的,这就造成了民俗文化、地域文化、城市文化的不同,在开发与生活息息相关的课程资源时,必须考虑地域的差异,尊重和遵循其自然性;而对于不同的大学而言,综合性大学比专业院校更便于跨学科资源的开发,文科大学或艺术院校相对文化氛围较为浓厚,本科院校相对高职高专来说教师个人素养较高、物质资源更加丰富,因此不同性质、不同层次、不同学科的大学有其固有的差异性,需要在开发课程资源的时候有针对性;学生个体的差异就更加明显了,需要教师在教学过程中能够加以区别,从课程资源的开发利用上就力争因材施教。

(3)择优原则

把握目标,考虑可行性。语文教育是生活化的母语教育,生活中的一切都可以成为课程资源。经济条件的限制、地域性的倾向、学校的特点、教育体制的现状,都会对教学资源提出一定筛选的标准,这就要求在面对复杂多样的语文隐性课程资源时,要本着择优原则,一方面要根据学生的心理特征和兴趣进行灵活的设计,以符合学生的心理发展趋向,另一方面应考虑开发所要用的开支和精力,以最少的开支取得最佳的效果为目标。

(4)协同原则

把握主力,考虑合作性。大学语文不仅仅是教师和学生之间的活动,课程资源的开发利用还应该让学校的管理者、课程的制定者、其他学科的教师和教辅人员等加入进来。诚然,大学语文教师仍然应该是课程资源开发的主力军,并发挥其主导作用。但与之相关的其他人也应该主动参与其中,对大学语文课程资源的开发利用提出自己的见解,给予力所能及的主动帮助。同时,还要注意学生在课程资源开发中的重要作用。学生接触到的各种生活化的资源可能比教师还广泛,学生的关注点也会符合他们的普遍心理特征,教师将其择优利用起来则会事半功倍。因此,大学语文课程资源的开发需要多个群体的协同,形成一种多元的课程资源开发模式。

4. 拓宽生态化教学资源的开发途径

(1)编写以人为本的生态教材

教材依然是教学活动中不可或缺的主要资源,因此教材的质量高低与大学语文教育教学的效果好坏有直接的显性作用。因此在教材的编写上需要更多体现生态化,以人为本应是编写的最根本理念,以学生的身体、心理特性为依据,以学生的全面发展为目标;还要兼顾时代性,将最鲜活的现代生活体现其中,实现教育与时代的共振;选文要开放,与历史、经济等有关联,与当下的生活有关系。

(2)打造富有文化气息的校园环境

环境对人的作用不容忽视,环境中的教学资源也要有意识地去开发。首先是创造完善的校园物质环境,在校园规划、教室布置、图书馆建设等方面加强规划性,并将学生意见纳入这些规划的重要考虑因素中;其次是营造浓郁的校园文化环境,根据自身特色深化凝练大学精神,设计各类校园文化产品,引导优良的校风、教风和学风;最后是建立健全科学合理的课程管理制度,调动起一切力量,对资源开发的各个环节进行指挥、部署和协调,使其走向制度化和规范化。

(3)重视和谐的校园人际关系

人际关系的好坏,关系到大学语文教学效率和质量的高低。和谐的人际关系能更容易让学生感受到生命的美好,实现人格的完善。平等、民主的师生关系,友好、合作的生生关系,互助、协作的师师关系都能为大学语文教学提供源源不断的优质资源。

(4)教学资源对目标人群的适合程度

词汇语言水平、某个目标人群的发展、动机和兴趣水平、普遍的背景和经历以及特殊语言要求或其他需求,特别注意是否存在性别、文化、年龄、种族或其他形式的偏见,这是评价教学资源是否适合目标人群的重要因素。

(三)生态化教学过程实施

为达到最终目标,在教学中要采用教学策略。迪克与凯里系统化教学模型的教学设计者在进行设计时,就得考虑设计好每一步都应该怎样引导学生。因此,这里提出两个策略:全媒体教学和交互式学习。

1.全媒体教学策略

(1)采用多媒体技术辅助大学语文教学

多媒体技术有利于现代化教学,这点已经得到了教育界的普遍认同和重视。不管是在基础教育领域还是高等教育中,多媒体融合了多种形式和技术,实现了更为优良的表现力、交互性和共享性,在教学已经占有一席之地。在大学语文教学中,多媒体技术使教学内容相互贯通,激发了学生强烈的参与意识,对其发展有积极的促进作用。

(2)开发各类媒体中的语文教学资源

目前微信、微博等自媒体盛行,各种新闻客户端、网络文学网站、直播平台也受到大学生的欢迎,网络生活已经成为大学生日常生活的重要组成部分,且有越演越烈的趋势。

因此,在筛选的过程中应该联合传媒学科的专业力量,利用大数据和各类调研辅助,更快速更准确地从中获取有效的语文教学资源。特别是依托开放性的网络教学资源平台,实现多单位共建资源、师生共建资源。通过共享、分享、聚合,提高资源利用率。而教师本人也可以适当进行一些小范围的尝试,在课程中选取一些优秀的网络文学作品、网络新闻作品、自媒体文章作为部分教学资源。同时,发挥学生的主动性,允许和鼓励他们从各类媒体中选择和提供符合语文教学目标的资源。师生对于资源的评价也应成为资源择优的重要标准,及时更新。

(3)高度重视师生的媒介素养提升

面对各种媒介信息时的选择能力、理解能力、质疑能力、评估能力、创造和生产能力以及思辨的反应能力就是媒介素养。媒介素养分两个层次:一个是公众对于媒介的认识和关于媒介的知识,另一个是传媒工作者对自己职业的认识和一种职业精神。现代社会的每一个成员都既是受众,又是传者。作为媒介的主要语言,语文与媒介天生就紧密相连,因此大学语文教育必须重视与媒介素养教育的融合,互相促进、共同发展。

在此需要强调的是,大学语文教师必须首先提高自身的媒介素养,才可能带动学生在面对纷繁芜杂的各类信息中寻找、选择、理解有益的部分,并有意识地带领学生一起创造和生产高质量的媒介信息。

2."体验—提炼—实践"交互式学习策略

教育生态理念认为教学是一个动态的过程,这个过程中有许多环节和各种方式,因为教学资源的不同、教学目标的不同和教学主体的特点而呈现出千差万别的状态。但总体来说,大学语文的学习过程可以总结为

"体验—提炼—实践"这个动态的体系。

一是生态学习过程的体验。体验是指各种教学资源的开发利用环节以师生的体验为主要方式,倡导学生首先直接接触和认识教学资源,获取第一手的感性信息。建构主义教学理论就认为只有当学习者与外界环境主动地进行交流和联系时,才会出现真正意义上的学习,强调学生的主动学习意向,而目前看来,各种形式的阅读仍然是教学过程中师生体验最方便也是最有益的途径。在具有社会审美意识、凝聚着作家生活体验、蕴含丰富情感交流的文本中进行学习,体会语文在思想启迪、道德渗透、文学修养、审美熏陶、写作表达等多方面的综合效应。

体验的过程要求教师在教学资源的选择方面注意丰富性、真实性和经典性,通过丰富多元的、接地气与学生有共鸣的、具有一定代表性的优秀文本让学生从中体验,主动学习。

二是生态学习过程的提炼。学生在介入文本形成附有自身独特印记的作品后,需要评价和总结,提炼相应的语文知识、情感或技能。在学生交流评价过程中,教师应该引导学生持有敢于怀疑的态度,只有敢于怀疑,才能催生创新思维。

在对彼此的评价经过充分讨论,学生已经能够比较清晰明确理解语文信息之后,教师还需要带领学生一起总结归纳、找出规律、融会贯通,使资源中的语文元素知识化、系统化、理论化,使学生领悟语文学习的特点和规律,为今后的终身自主学习奠定基础。

三是生态学习过程的实践。任何教育都是需要实践的,大学语文也是如此,语文来自生活,也必须在生活中加以应用和检验,并创造出更多的语文资源供体验。大学语文作为一种母语学习,将理论用于实践其实是每时每刻都在进行的。但这里强调的是,在实践过程中需要有明确的倾向性和超越性。语文课程中学到的语言规律、文学常识、审美方式等等,教师都应该引导和要求学生有意识地在日常阅读写作、交往表达中去应用,并不断尝试和训练自己的模仿、加工和创新。

大学语文对个体的学习过程来说,理论上就应该是一个"体验—提炼—实践"的单向流程但同时整个学生群体的学习过程又是一个无限循环的闭合过程,实践为教学提供了源源不断的资源,把握住这个动态的过程,有利于大学语文课堂的生态化,从而促进大学语文教育的生态平衡。

(四)生态化教学评价体系

1. 把握生态化教育评价的特点

作为教育效果的评估和展现,发挥以评促学的重要作用,大学语文生态课程的评价方式应该更注重以人为本。具体说来就是评价标准由单一固定变为多元灵动,评价主体从教师为主变成多元主体,评价标准由客观转向主客观兼顾。

(1)评价标准的多样

大学语文教育评价的目的是促进每个学生的全面发展。在这个前提下,评价标准是针对每个学生的不同特点,通过不同方式、不同标准的评价帮助学生认识到自己的长处和短处,因势利导。通过有针对性的评价,体现对学生生命价值、个体特点的积极关注,以此促进学生的身心健康和谐。

(2)评价主体的多元

教育主体的多元决定了大学语文教育生态系统中评价的主体也应该多元。不仅有语文教师,还有家长、同学和其他学科的教师等。特别是应该把学生作为评价主体的重要组成部分,通过引导学生积极主动又客观自觉地进行自我认知和评价,让他们参与更多的教育过程,关注自身发展。

(3)评价方法的丰富

近年来,对大学语文教育的评价模式基本上可以划分为两类:科学主义评价模式和人文主义评价模式。前者以语文试卷为代表,注重"标准""程序""客观";后者以课程论文、文学写作为代表,注重个案研究和评价方法的定性化。两类评价方法只有相互补充、取长补短,并辅以口试、多媒体创作等多种评价方式,才能在大学语文教育评价中发挥良好的作用。

2. 构建生态化教育评价体系

生态课程的评价对象不仅是学生的学习效果,还应有教师的教学效果。一般来说,教学评价包括对教学过程中教师、学生、教学内容、教学方法手段、教学环境、教学管理诸因素的评价,但主要是对学生学习效果的评价和教师教学工作过程的评价,评价的方法主要有量化评价和质性评价。

在教育生态理念的指导下,大学语文需要构建一种开放、多元和重过程的教育评价体系。

(1)教育评价内容开放性

不论是对教师还是对学生的评价都应该考虑多种因素,在内容同上体现开放性。例如对教师教学的评估至少应该从教学理念、教学资源、教学过程、教学方法和教学效果等多种角度去评估,同时要考虑教学环境、教学管理、学生互动等多个方面的因素。因此,要求教师在教学评价中用生态系统观和普遍联系的观点综合考量各个生态因子的作用和关系以及生态因子与环境之间的关系。

目前大学语文多数采用平时成绩加期末成绩的方式评价学生的学习效果,有的是四六分,有的是三七开。期末成绩又有两种方式,一是考试二是考查。考试多为闭卷,形式与中学相似,考查多为开卷,以写作为主。这就要求在考核方式上更加丰富,从学生参与学习的主动性、创造性、全面性等多个方面设置考核方式和指标。

(2)教育评价主体多元化

在对教师的教学评价和学生的学习评价中,应该根据实际情况,适当加入其他学科教师、教学管理者、学生家人等多个主体,通过不同主体的权重分布吸收和接纳他们对教学效果的评价。

例如集中选拔和聘请一部分其他师生,随机进入课堂进行课堂教学观察,及时记录和评估。同时不定期邀请辅导员、班主任、教辅人员和家长,对教师的教学和学生的学习进行问卷调查和座谈,给予评价。

(3)教育评价方式注重过程性

教育评价的方式有多种多样,而对于大学语文课程来说,将课程看作是一个动态的过程,因此,对大学语文的评教也应该是以过程作为主要指标范畴的。

大学语文课堂评价的作用在于指导语文教学更有效,要促进教师和学生的发展,在于强调其形成性作用,注重其发展功能。课堂观察是行之有效的过程评价方式,需要定量与定性相结合,设计出科学有效的量表。

　　一次评价不仅是对一段教学活动的总结,更是下一段教学活动的起点、方向和动力。大学语文的教育评价更需要在过程中关注问题,加大对课程观察的比重,将评价和指导相结合。同时,要注意把评价的结果加以分类分析,在教学过程中进行思考,对今后的教学提出有针对性和实操性的改进意见。当然,对过程的关注就必然要求评价注意师生的个体差异性,因人而异、因时而异、因课而异。

第六章　信息时代背景下现代教育技术与大学语文的融合与应用

第一节　现代教育技术概述

随着信息时代的到来以及我国教育教学改革的不断深入，现代教育技术已纷纷进入了各个高校。如今的高校教育正肩负着培养高素质现代化和信息化的实用型技术人才的重任，现代教育技术的推广与普及，为高校人才的培养提供了新的契机。以计算机多媒体技术和网络技术为核心的现代教育技术在大学语文教学中的运用是时代发展的必然趋势，也是改变目前大学语文教学现状和提高教学效率的有效途径。现代教育技术在语文教学中的运用不仅有助于语文教学质量的提高，还对提高学生的综合素养、养成自主学习和终身学习的品质具有重要的现实意义。

对现代教育技术的定义可分为以下几种观点：观点一，以现代教育理论和思想为指导，使用多媒体技术的手段和方法，通过对教学过程、学习过程和教学资源、学习资源的设计、开发、利用、管理和评价，实现最理想的教学，让学习变得更有意义，促进学生全面素质发展的理论与实践。观点二，现代教育技术是指在现代教育理论的指导下，利用现代信息技术对教学过程和教学资源的开发、设计、利用、评价和管理，从而实现教学优化的理论和实践。观点三，对五种现代教育技术专家的解释进行了概述，详细分析了该概念，同时指出现代教育技术的种类，它包括模拟音像技术、数字音频和视频技术、计算机多媒体技术、卫星广播电视技术、互联网通信技术、人工智能技术、虚拟现实仿真技术。观点四，以现代教育技术为突破口，逐步深化教育教学改革已成为人们的共识，而且与素质教育、信息化教育、创新教育、培养创新人才、建立终身学习体系等重大问题密切相关。综上所述,现代教育技术是指在现代教育理论和教学思想的指导下,将计算机技术、网络技术、多媒体技术与现代先进的教学方法运用于教学活动的一个整体概念。

现代教育技术具有如下特点:①信息传输量更大、更便捷。以多媒体和网络为核心的现代教育技术能实现网上资源的共享。人们可以通过互联网的搜索网站,迅速找到自己所需要的资料,且一目了然,甚至可以利用网络在任何时间、任何地点以声音、图像或影像、数据等多媒体方式相互交流和传递信息。②呈现方式的多样化。多种媒体的组合,实现外部图像、声音、影视等各种媒体信息的融合,并通过计算机来进行加工与处理,然后以文字、图片、声音、视频等多种方式输出,实现输出方式的多元化。③网络的交互性。信息时代的到来,互联网的飞速发展打破了时间与空间的限制,实现了人与机器、人与人及机器间的互动交流的操作环境,并给人们带来一种生动逼真的情境。另外,还可通过网上邻居、网络传输快捷地实现信息资源的共享。

第二节 现代教育技术在大学语文教学中的必要性与可行性

一、现代教育技术在大学语文教学中应用的必要性

(一)时代发展的需要

进入 21 世纪,人类社会已经迈入了一个高科技飞速发展的时代——信息时代。在这个知识大爆炸的时代,信息量迅猛增加,学生所需要学习和获取的知识也在不断增加。在这样的社会背景下,如何才能使教育紧跟时代步伐?这很大程度上需要将现代教育技术引入教学中。因为教育技术的融入,可以使教育面貌发生翻天覆地的变革,它不仅可以改变传统

的教学手段,活跃教学氛围,在教学思路、模式和教学方法上、教师和学生的角色定位上都能够开辟新的途径,提高教育教学的效果和效率,推动并促进教育教学改革的不断深入和发展。

在这个知识飞速传播的时代,社会分工逐渐细化,用人单位对人才提出了更高的标准,越来越看重学生的综合素质,因此,高校教育的培养目标也在相应地发生改变。因此,高等教育应以素质为本位,重视学生的整体素质的培养,让学生在充分掌握专业技能的基础上,成为综合素质高、具有社会责任感和完善人格的可用之才。

对语文学科来说,在高等教育的课程体系中正确地把握自己的定位是其发展之道。在变化的大背景中,要有良好的心态和高等教育的服务理念,让大学语文更好地服务于高等教育。所以,大学语文应该结合专业特点,注重知识的应用性与实用性,和谐发展语言能力和职业能力。大学语文是一门公共基础课,它注重高校学生的整体素质,是人文性和工具性的统一。其丰富的内涵和强大的包容性在培养学生综合素质方面产生了极大的影响。一方面,语文教学细致剖析文学作品的深层内涵,形成独特的情境以感染、熏陶、影响学生的思想和情感,从正面引导学生树立正确积极的价值观、健康向上的性格特点。另一方面,语文基础教学对学生综合素质的培养是实现技能型人才培养的有力助推器,所以,将现代教育技术运用于语文教学,是培养时代所需人才的必然要求。

(二)语文学科自身发展的需要

从语文学科的特点来看,它不仅有着其自身的学科体系,还是一个融其他学科(如历史、地理、人文、科技等)知识、观点和方法为一体的具有综合性、系统性的交叉学科,而这些学科都与时代紧密联系。现代教育技术的运用不仅有利于语文教学知识的拓展,课内与课外相结合,还为学生的语文学习创造了更为广阔的时间和空间,并为各学科之间的相互联系提供了更便捷的途径。

教育技术的普遍推广和使用推动了高校各项教学改革,同样在语文教学方面,也在不断地改善着语文教学环境,其突出表现为教学模式的转变,即基于计算机网络的语文多媒体教学模式的应用。这种多媒体教学模式为教师和学生同时提供了一个非常开放和自由的多媒体网络环境。信息化网络教学令语文学习具有广泛性、丰富性和多样性,能全方位地刺激高校学生。高校生在学习的过程中,可以就听、说、读、写等方面的问题在开放、自由的网络平台与其他同学进行交流和讨论,通过相互的帮助、启发、评估和开阔思维激发学生的学习兴趣,使其语文应用能力得到共同的提高。现代教育技术的发展对语文教学而言是功不可没的,它深刻地影响了语文教学的方方面面,尤其是显著提高了语文课堂教学的实际水平。

二、现代教育技术在大学语文教学中应用的可行性

(一)现代教育技术使语文教学更生动,使学习变得更轻松

大学语文教学中正在使用的教材是经过不断改革和更新的,更加符合现代化教育教学的目标,更加贴近现实生活。互联网技术的出现则提供了大量丰富的可用资源,在很大程度上为这样的问题找到了解决的途径。多媒体教学可以在课堂上实现视频、音频、动画等元素的组合搭配,以丰富多彩、交相辉映、声情并茂的方式给学生带来更多的视觉呈现;虚拟现实技术可以实现实时的三维效果,创造栩栩如生的画面,给学生一种身临其境的感觉。互联网不仅可以提供海量的资源,还不受时间和空间的限制,在将教学内容形象化的同时使学习的过程变得灵活有趣。在这样的学习氛围中,加上教师的正确引导,学生的学习过程会更加轻松。从学生的角度来讲,互联网所提供的信息经过筛选可以成为语文学习的补充资料,不仅可以用于课前的预习,还可以运用互联网自主地解决一些学习中遇到的难题,使学习效率得到极大的提高。

(二)现代教育技术激发了学生的学习兴趣与热情

在现代教育技术的实际运用中,通过生动、直观的视听资料、方便快捷的沟通渠道,可以大大吸引学生的注意,激发他们学习的兴趣。兴趣会

引导人们努力认识和理解自己所喜好的事物,在学习中也是如此。不少心理研究的结果都验证了这样的事实,学生在对学习内容充满兴趣时,其大脑皮层会处于一种兴奋的状态,促使其各项智力因素的提高,积极地投入精力去学习,这就是最好的教师是学生的兴趣的表现。在现代教学中,教师有能力将视频、音频、动画等不同元素有机结合在一起,给学生带来多重刺激,以生动、逼真的视觉形象呈现知识,便于学生注意力的集中,激发他们的好奇心,由此产生学习的兴趣。当学生身处新奇、刺激、探索的学习氛围中,他的思维会更加灵活,因而更容易激发想象和创新的潜力。

(三)现代教育技术更利于培养学生的创新精神与能力

在现代教学中,教师应该充分利用现代教育技术在语文教学中的绝对优势,激发学生的主动性,提高学生的创新能力。借助网络平台,学生的各种感官系统都可以得到充分的调动,让学生全身心地投入学习当中。在多媒体教学中,学生的想象力和创新能力都会得到大幅度的提高。例如,教师在制作课件的时候分设不同的窗口,让学生自行讲解,锻炼他们的语言表达能力和创新思维。

当现代教育手段广泛应用于教学之后,学生在更为丰富的情境中学习,可以充分地发挥自己的能动性,根据自己的喜好选择适合自己的学习方式,拥有独立思考的空间,能更加主动地参与到学习中,不断地提高自己的创新能力。同时,学生和教师之间的反馈得到加强,教学的理论和实际之间形成了良性的循环。通过大学语文教育实践表明,正确地应用现代教育技术可以有效地激发学生的学习兴趣,更好地培养学生的学习能力。

(四)现代教育技术更有助于培养学生的合作精神和实践能力

在课堂教学中有效地开展互动式教学,需要创设合适的语言情境,营造轻松的教学氛围。就语文教学而言,学生个人的积极参与,学生之间的合作,教师与学生之间的配合都是十分重要的。课堂中除了知识的传授,还要注重学生的实践。语言的学习需要不断地练习,因而生动活泼的语言教学环境显得极为重要。

学生需要有能够自由表达思想、自如交流情感的平台,这也是对学生团队合作能力的培养和学生完整人格的塑造。学生在学习中,不单单是掌握了学习的方法、信息的整合、语言的运用,在此基础上,更高层次的目标是对学生合作精神和实践能力的培养,这就要求学生在合作中学会共享和分享,在互相学习、合作解决问题的过程中不断地锻炼自己的思维能力和创新能力。在现代教育技术提供的良好平台下,学生之间、师生之间的合作和互动应成为课堂教学的主要模式,对学生的培养也应该有所侧重。

在教学实践中,学生的能力应该是教师培养并引导的关键,学生从学习知识转变为提高自学能力,从以前的向教师学转变为自己学。在多媒体教学的环境下,学生与教师交流和沟通的渠道大大增加。与之相应,教师也应该转变自身的角色,积极主动地运用现代教育技术于教学中,充分维护学生在学习中的主体地位,激发学生主动参与知识获取的过程,培养其自主学习的意识,发展学生的个性。

第三节 现代教育技术在大学语文教学中应用的策略

一、现代教育技术在大学语文教学中应用的经验

就当前教育技术的发展情况来看,在所需硬件方面,大部分高校已初步具有了相应的条件。此外,由于教育技术所带来的显著的积极效果,这些院校还将这一技术带到了教学中,并收到了一定的成效。因此,要想真正落实教育技术对教育教学产生的巨大推动作用,使教师能够将这一技术与日常的教学活动结合起来,还需要做出更多的努力。

如今,世界经济和社会发展无疑都是向现代化和信息化不断靠拢,因

此对人才的培养提出了更新的要求。现在的学生除了要有学业水平,还应有信息检索、收集、分析、筛选、应用的能力,这才是现代社会需要的能力。许多学校的教师已经意识到了人才培养战略的改变,从而进行了一些行之有效的尝试,并积极积累现代信息技术运用的经验和技巧。以下是对现代教育技术在大学语文教学中应用经验的分享。

(一)现代教育技术的应用丰富了语文教学资源

教师在语文教学中使用网络最主要的目的就是获取充分的教学资源,这也是现代教育技术在语文教学中使用最为广泛的内容。现今社会的信息化程度越来越高,互联网技术的发展已经十分成熟。在这样的社会背景下,教育行业也在争取完成信息化教学的转向,不少学校都建立了信息资源库,不同的学校之间还结成了联盟,建立课程信息资源共享的平台,甚至许多著名的专家和教学经验丰富的一线教师都通过建立个人网站、开设网络课程的方式扩大信息交流与共享,这样的发展形势,对语文教学的开展是非常有利的。

1.利用互联网资源和网络教学,充分激发学生对语文学习的兴趣

网络中的信息元素除了文字,还包括图像、音像、视频、动画等,这些元素不仅可以引起学生的好奇心,吸引他们的注意力,还可以为他们增添学习的乐趣,帮助他们更好地理解一些比较抽象的知识。所以,在互联网的无限吸引之下,学生会更加自主自觉地学习语文知识,其学习动机会变得更加明确,分析和解决问题的能力、信息收集和处理的能力都会得到提高,课堂氛围也会更为活跃和轻松。

2.在加深学生对知识的深层理解的过程中,网络能够展现出极大的优势

一方面,网络中海量的信息和便捷的连接方式,为教师和学生下载相关的学习、教学资料提供了极大的便利,这无形中扩充了课堂的容量。在上课的过程中,教师可以随时根据课堂的需要和学生的反馈,在最短时间内搜寻到最有价值的信息。而学生则可以将相关有用的信息运用到课前预习以及课后的复习中,从而保证语文教学的连贯性和完整性。学生在

个人学习的同时,依旧可以通过互联网与同学、教师进行信息的交流和共享,从而全面加深对所学知识的理解,提高自身的学习能力和学习效果。另外,必须要对以下两方面引起足够的重视。

(1)对语文知识深层价值的思考

在传统的语文教学中,语文知识获得的途径主要是了解写作背景、作者生平和对比阅读等。这些描述性的知识是静态的事实性较强的,其功能在于解决了是什么、为什么等问题。在学校的学习是要授之以渔,是要教会学生怎么做、怎么思考与合作。教师要指导学生主动利用网络获取有价值的信息资料,共同探讨和归纳各种阅读、写作的技巧,在课堂的阅读和写作训练中调用丰富的知识,掌握适合自己的语文学习的方式方法。

(2)学生要主动参与课堂教学,积极从中汲取知识

让学生学会自己动手,利用互联网获取知识,在语文教学中也是必不可少的环节。

3.灵活运用课外阅读,注重语言积累

学生可以利用网络来储备更丰富的信息资源,丰富课外阅读活动,开阔自己的视野,增加更多的知识储备。在开放的互联网平台上,学生可以根据自己的兴趣很容易地找到有吸引力的阅读材料,并可以自主地进行一些相关内容的扩展阅读。将课堂上所学到的阅读技能同样运用到课外阅读上。要读要思考,也要积累。习惯性地背诵、摘录、写读书笔记都有助于厚积薄发提高语言能力。

(二)现代教育技术的应用提高了学生学习语文的能力

教师坦言,现代化技术、信息检索技术的快速发展与普及,对语文教学中学生自主能力的形成有一定的帮助。信息时代的到来,现代社会对语文能力的要求不仅是对听、说、读、写的概括能力,还应包括理解、表达、沟通等许多方面的能力。当然,运用现代信息技术收集、整合、运用信息的能力也是十分重要的。由此可见,语文的内涵在社会发展的影响下,逐渐变得越发的丰富。信息技术多渠道传达信息的功能为学生学习语言、掌握和运用语言提供了厚实的资源保障。例如,在实际的教学课堂中,教

师借助多媒体设备和现代信息技术开展视听、阅读训练,通过复述和情景模拟提高学生的口语表达能力,通过泛读和精读的有机结合锻炼学生采集、捕捉信息的能力,充分利用网络的图像技术强化学生的理解等。尤其是在锻炼学生的信息处理能力时,现代信息技术更是起着至关重要的作用。作为课堂的引导者,教师有必要在课堂中进行一定的示范,随时监督学生的学习进程,指导学生的学习方法,解答学生的困惑和疑问,同时要培养学生利用现代资源主动解决语文学习中遇到的问题的能力和综合的思维能力。

(三)现代教育技术的应用改变了语文教学过程和方法

如何选取恰当的语文教学方法,应该依据语文教学的主要内容、具体的教学目标、任课教师的上课风格等作出判断,这一点在教师的认知中已经达成共识。许多教师都在导入新课、拓展训练、拓展教学内容、研究性学习、合作性探究等方面运用了教育教学技术。

现代教育技术的应用改变了教学方法和学习方式,在语言学习中起着非常重要的作用。语文学习需要学生的自主学习和积极配合,通过相互合作来完成探究性的学习任务。

通过将现代教育技术引入学校教育环境中,可以产生积极的效应,主要体现在以下几个方面:第一,通过教育技术的强大功效可以促使学生关注语文的学习;第二,可以让学生慢慢养成对中华语言文字的热爱;第三,通过现代教育技术的改革对语文教育的显著影响,让学生意识到教育技术的强大功效,并在日后的学习中加以利用;第四,现代信息技术非常重要的一点便是共享性,因此学生可以将他们认为非常有意义的东西通过信息技术分享给其他同学。

二、现代教育技术在大学语文教学中可行的策略

(一)加强现代教育技术基础设施建设与管理

要推广现代教育技术,一定要先为现代教育技术创造良好的应用环

境。要提高语文教学水平,需要不断地完善现代教育技术基础设施的建设和管理,从而推动语文教学改革。

1. 加大投入力度,强化基础设施建设

硬件建设是高校现代教育技术发展的基础,教学现代化程度最直接地反映在它拥有的并可使用的硬件设施等。为促进学院发展,最基础的就是丰富学院硬件设施的配备,因此应注重现代化教学设施的配备,如建造多媒体教室、构建校园网、创办网络教室等。与此同时,不容忽视的是配备充足的基础性常规电教设备。由于现代化教育设施的配备需要耗用大量资金,而资金的筹措需要时间和渠道,这与高校自身的硬件投资能力息息相关。筹集资金配备学院硬件设施,还需要售后的维护和检修,这就需要高校制定科学的管理制度、设施配置的升级管理等。

随着信息时代的发展,学生比较倾向于使用先进的现代教育技术,这一教育和受教育手段的冲突需要提起注意并予以解决。可以通过多渠道的招商引资、多方位的校企合作等方式筹集资金,增加对教育技术基础设施建设的投入力度。

2. 加强多媒体教室的建设与管理

多媒体教室的主要设施包括电脑、大屏幕投影仪、麦克风视频展示台、DVD播放机和录像机和其他集成设备。随着信息时代的到来,学生更加喜欢运用全部电化教学、计算机辅助教学和演示手段的教学课程的学习。多媒体设施是物质准备,可以推动高校对传统教学模式的改革和完善,有了相关技术手段才能真正将现代化教育技术付诸实际。

当现代教育技术设施完备后,还应注意设备的管理和维护。各高校有必要提高投入大量资金而获得的多媒体设备的使用率,使资金使用价值更大。对于多媒体教室的管理,应建立明确的规则和条例,使用规范化,并配备专人进行管理以及设备的检修和升级。与此同时,多媒体教学手段的使用不仅包括配备设施齐全的问题,还包括设备的日常管理,如保持卫生清洁、环境潮湿度影响、灰尘对设备的使用影响等,应要求师生保护硬件设施,严格遵守使用说明、操作方法,做好良好维护,辅助教学授课的进行。

3. 提高校园网的利用率,建立语文教学资源库

现代教育技术还包括校园网的建立。良好的校园网建设不仅能嫁接网络资源和知识世界,还能在学校管理方面发挥巨大作用。

除了校园网大环境的建立,还应建设数据库来丰富教学资源。举一个例子来说,语文教师进行备课和教学的时候可以快速链接教育和教学网站,利用网络获得的教学素材和网络课程资源来积累丰富的知识传授给学生。而反过来,作为学生,网络对学生的吸引力逐渐增大,利用资源数据库可以吸引学生分析研究不同地域、区域,甚至是国际范围的文献资料。

(二)转变观念,创建良好的现代教育技术氛围

1. 领导思想观念的转变

首先,高校的管理层应从根本上认识现代教育技术的重要性,优先发展现代教育技术,推动教育现代化的进程。因为只有思想上认识到了才能在行为上付诸实践。而校领导在高校中具备领导学院发展方向的作用,因而应从校领导的观念转变开始。其次,高校的领导还应注意学习如何使用现代教育技术以及相关知识。学校现代教育技术的发展情况与领导对其认识水平和重视程度有着很大的关系。通过学习,可以使他们意识到现代教育技术对教学改革带来的巨大推动作用,尤其是在教育观念、教学模式、教学方法等方面,在提高教育教学质量中起到了重要作用。再次,高校的领导应着眼于学校的实际情况,从现实出发,对本校现代教育技术的发展做出科学合理的安排。高校的领导要积极地明晰现代化教育的发展方向,及时地进行沟通交流。

2. 教师教学方式的转变

教师传授知识的过程中担任着组织教学活动、引导学生自主学习的任务,因而教师有着怎样的教育理念,不只是对教师的教学行为产生影响,还会间接影响着教育水平发展。教师作为教与学的传承者,必须认识到先进的现代教育理念的重要性,将教学观念在教授课程中付诸实践,并

运用到现代教学中,更新授课教育手段,推动教学体制改革。因此,教师必须树立正确的现代教育观念,这将促进现代教育技术更好地应用于教学中。

3.学生学习方式的改变

设立相关介绍课程、举办讲座、扩大宣传等来普及相关教育使高校学生有更多的了解与认识,从而为现代教育技术的成功之路奠定坚实基础。

4.加强培训,提高教师的现代教育技术水平

随着知识的不断更新,教学模式、教学手段也应不断推陈出新,适应新的知识结构和综合能力新要求。而作为知识传输过程中的传授者,大学教师的岗位职责如何发挥就显得十分重要。信息时代的来临,知识飞速传播以及先进的现代化教育手段的出现都促使着教师更好地适应新变化、新发展,积极使用新的手段、模式和方法进行教学,保证与学生间的知识、技能的传授是高水平、与时俱进的,实现新教育结构的教育目标。应该根据各院校的实际情况,提出因材施教、因地制宜的培训方法,针对不同的情况,设置不同的培训课程、培训讲解,尽可能提高教师对现代化教育的重视程度,最大范围地使用现代化教育手段,推动教育事业的发展。

(1)采取灵活多样的培训形式,合理组织培训内容

在高校,设置多种多样的培训模式十分必要。这不仅是因为不同参训教师面向的专业不同,更大程度上是因为他们自身能力不同且进行知识传授时对现代化教育的需要程度不同。

(2)以实用为目的,组织针对性更强的培训

不仅应选取灵活多样的培训模式,还应注重培训内容的合理性。传统教育是应试性的,而对新的教育模式的渴求促使现代教育技术的培训也应注重培训教师如何很好地利用技术手段培养学生的能力,但这又和院校的实际情况、实际专业内容有关。进行培训时,借鉴成功经验,克服原有培训模式中的不可取之处,完善培训结构,丰富培训内容,打造全方位的教师人才。

对教师进行现代化教育培训要依据几条原则,即"有针对、有组织、有

深度、大范围"。针对教师的不同教学需要培训相关基本理论,以便教师可以因材施教,以学生为主导选择他们需要的、适合他们自主学习的方式方法进行知识的传授,答疑解惑等,旨在教导学生有能力在未来进行自我能力的提升。

(3)建立完善的评价机制和手段,注重培训效果的评估

教师的培训不仅是建立灵活多变的培训模式、树立良好的理论观念,还需要在培训后及时进行培训效果评估和考核。建立相应的考核体系是十分必要的,对教师培训效果进行反馈就需要从不同方面综合考虑不同影响因素进行评价。无论采用何种评估手段、何种类型的评价体系,还要应用后续调查研究授课效果,对于优秀的受训教师,应给予奖励,以起到模范鼓励作用,带动教师一同进步,形成良性循环,鼓舞学习热情,又推动教师更好更投入更自主地接受培训,进而推动现代化教育的发展进程,提高多媒体技术的应用水平,提升教学质量,造福更多学子。

现代化教育是一项耗时较长需要大量努力才能实践成功的工作,只有坚持不懈地树立正确的观念,让教师将现代化教育技术视作教学的一部分,才能真正促进教育与现代化信息时代的接轨。

(三)利用现代信息技术进一步优化大学语文教学

发挥现代信息技术的优势作用,促进语文课堂内外的协调互补。叶圣陶说过:"课内阅读只是举一,课外阅读剩下的部分正可以反三。"这句话十分精炼地点出了如何进行语文课程的学习。如果想学好语文,需要的是更多的阅读材料的课外自主学习。课内和课外成就语文学习的两大方面,认真学习书本是必须的,但运用课内学习到的方法继续研究课外的文章才是提升自己的过程。开展大学语文课外阅读,通过网络获得材料,运用网络交互和教师互动等都体现了现代化教育手段的重要性,使课内与课外相得益彰,和谐发展。

1.利用现代信息技术促进自主性阅读教学的开展

现代信息技术提供了大量的阅读材料。除此之外,网络阅读教学大量积累阅读量,变成多类课程可供选择、多种教学思路可供分析,感受总

体框架,把握和讨论整体的思路,写作风格等较为自主灵活的语文材料研究。

教师可以根据学生的兴趣和爱好成立学习小组,分组在课外搜集有关的材料。之后再安排学生并分组汇报相关情况,将收集和整理的材料用适当的方式展示,阐明各自的观点(可以使用互联网,也可以使用投影机,甚至言语表达,其目的是提高学生的语言表达能力)。

教师可适当地补充阅读材料,引导学生注意知识点,提示思考问题的角度,弥补学生自学中可能遗漏的知识点,并回答相关的问题,帮助学生将各个问题之间的联系组织和串联起来,使学生的学习提升到更高的层次。

这种教学模式实现了以课内带动课外,以课外促进课内的目的。由于语言学习的需要去使用网络,又通过网络促进了语言的学习能力,这才是将现代信息技术运用于语文教学所寻求的方向。

2.利用现代信息技术组织和开展语文研究性学习

随着教育改革的不断深入,大家愈来愈重视研究性学习。研究性学习强调的是学习中的研究精神,是在日常的学习过程中要求学生用研究的眼光、态度和方法进行自我探究、自我发现,是一种基于问题解决、协作交流、资源共享的学习方式。研究性学习可以弥补传统课堂教学的不足,特别是教师与学生之间的关系、学生知识和能力之间的平衡、理论与实践的统一,在培养学生的研究意识和综合能力等方面具有重大意义。

基于现代信息技术的语文研究性学习贯穿了课内与课外,并以研究任务驱动,协调课内与课外之间的联系。在语文教学的课堂上,教师要启迪和引导学生在看待问题时学会运用研究的眼光,努力探究教材本身的研究价值,培养学生的研究意识,掌握研究的方法。这样学生就可以在课外利用现代信息技术想方设法地收集有关的材料、对信息进行整理和加工、运用现代化手段与同学随时保持联系并进行交流与沟通,而在课堂内主要完成的是确立专题并进行指导、方案的制定指导、学习成果的展示与交流等。

第四节 网络化大学语文教学体系的构建

一、网络化大学语文教学系统的构建

(一)网络化大学语文教学系统

网络条件下大学语文教学新模式是利用现代信息技术弥补和完善传统教学模式中的不足,同时让传统教学模式中宝贵的教学方法和经验得以延续,是传统和现代并存的两种教学模式的结合,两者相互促进。

新模式下的教学系统实际上由两部分组成,即传统的课堂教学系统和基于网络多媒体的网络教学系统。前者一般包括教师、学生和教材三个要素,后者还包括媒体这个要素。

网络教学系统主要是由教学模块和一些辅助模块构成,是开展网络教学的前提条件和要求。其中,教学模块中包括诸多子模块:管理模块、课程概况、教学模块、交流社区、工具资源、课程资料、单元测验、期末考试。辅助模块由电子邮件系统、FTP 服务、聊天室等组成。

管理模块。这是顺利开展网络教学的主要保证,应该包括对师生账户、学习记录、教学管理等各个方面的管理,是教师对学生自主学习监督检查的重要途径。

课程概况。这是对本课程的教学计划、目标要求、学习方法和策略、测试与考核、答疑解惑等方面的具体描述和说明,是学生开展自主学习前应该明确了解的部分。

教学模块。这是网络教学系统的主要内容,应该包括所有的教学内容,涉及语文教学中听、说、读、写四个方面。教师选定的教学内容和任务将通过 PowerPoint 讲稿、Word 文档、图片、音频、视频、动画、网页等方式呈现给学生。授课将不再被限制在师生面对面的交流中,学生可通过对教学主页的访问和浏览完成,并且不受时间和空间地点的制约,只要能访问到教学主页就能随时随地进行。

交流社区。该模块包括学生与教师和学生之间的讨论。教师可以预先提出问题,学生根据要求作答;也可以是学生在学习中提出问题,教师给予回答。学生间的讨论可以由个别学生提出观点或问题,以此引发其他学生的讨论,既可以是随机根据相关话题展开讨论,又可以是针对某一个主题或话题进行深入探讨。

工具资源。为了便于学生使用相关的教学软件,可集成一些常见的音频、视频、图像、解压缩、录音、电子词典等在网络学习环境中必要的工具,使学生不会因为使用网络资源存在工具方面的问题而耽误学习。

课程资料。课堂教学的内容是有限的,教材的容量也是有限的,为了让学生更好地拓展知识,拓宽视野,应该在本模块部分增加与学习主题密切相关的各类学习资料,这样能更好地满足学生个性化学习的需要。

单元测验。为了有效考察和评价学生在平时的语文学习情况,可利用网络不受时空限制的特点,让学生自主进行单元测试。这不但可以督促学生按照相关教学计划要求的进度进行,检验学生的阶段性学习成果,而且便于教师根据学生的学习情况对教学作出适应性的调整。

期末考试。作为对某一个教学阶段学生的总体学习效果的检查,可以从与教学内容相关题目组成的题库中随机抽取,教师可以根据考核要求选择题型,确定分值。

以上就是网络语文教学系统的基本组成部分,通过以上的功能可基本完成教学任务。为了延伸语文教学的维度和空间,在有条件的院校还可以提供辅助模块,其中包括电子邮件服务、FTP服务、聊天室、笔友栏等功能,使学生的语文学习空间拓展到校外,甚至国外。

(二)网络化大学语文教学模式的操作程序

在明确网络教学系统的组成后,下面就探讨这种教学模式的操作程序。模式是实践的产物、现实的抽象,人们所理解的模式是以一定的理念为指导、在行为实践中建构形成的某种事物的结构样式。在教学实践中所要建构的语文研究性教学模式是一种在教师指导下,以学生为主体、问题为中心、"个体—群体"互动合作探究为基本形式的教学结构形式。模式结构的运作是把课程目标、计划、教学内容付诸实践的过程,运作流程是否科学决定着教学质量的高低。

基本流程是贯穿网络环境语文研究性教学模式中的基本框架,而具体实施环节的设置及其组合,视语文学科性质、单元教学内容与对象的特点及其运作状况的不同而有所不同,也就是说上述模式流程结构组合是多元的、灵活的、动态的,而不是一成不变的。

1. 创设情境,发现问题

教师在教学的初始环节起着组织者的作用,教师的备课活动及教学安排需要提前做好。教学设计、学习内容、相关学习资料等都以多媒体、立体化方式镶嵌在网络语文教学平台上,教师根据教学计划对整体教学的实施进行具体的安排和要求。这是网络条件下语文教学得以实施的一个非常重要的环节。教师利用多媒体网络软件声、色、动画与文字相结合的优势,创设疑难情境,在教学内容和学生求知的心理之间创设一种"不协调"。设疑寻导,使学生产生较强的求知兴趣和参与需要,这是让学生全神贯注地投入语文教学活动、产生真实问题的前提。学生由感兴趣开始引起内在兴奋,在情境中教师引出学习课题,提供参与机会、示范指导、参与方法等。在这个阶段,学生初次参与,兴奋由内转外,将参与欲望外化为参与教学活动的行为。

2. 启发思考,自主探究

教师组织学生结合情境阶段提出问题,积极参加讨论,将学生划分为若干小组,每组6～8人不等,由小组长负责。教师对小组的讨论、合作交流做出必要的指导与调控,让学习主体自由叙述、相互启发,更投入、更积极地发表见解,交流意见,加深对问题的理解,获取更深入的体验,形成良好的合作学习气氛,确定每个小组要研究的主题,各组围绕自己的研究主题开展自主探究。

在此阶段,教师除了参与讨论,还要及时了解学生开展研究活动的情况,有针对性地进行指导、点拨与启发。可通过组织灵活多样的交流、研讨活动,帮助他们保持和进一步提高学习积极性。对有特殊困难的学生或小组要进行个别辅导,或创设必要条件,或帮助调整研究计划,充分发挥学生的独立性和自主性,给他们提供自我联想与想象、自我创造空间的可能性,使学生参与自主探究。学生在自主体验中质疑问难,在自主感悟中发表见解,并从不同的角度审视别人的观点,这种个人意见与群体观点的相互碰撞与融合,对学生的研究能力和合作能力是很好的促进。

此外,学生的学习过程必然需要熟悉网络条件下教学模式的基本特点和课程学习要求,这样就可以在网络上按单元结构对学习内容进行自主学习,并通过单元测试,以检测对所学内容的掌握情况。如果学生未能通过单元测试,应继续学习和巩固,直到通过课程要求。如果顺利通过单元测试,可以接受教师的面授辅导。之后,学生可以开始新的单元学习,按照这样的顺序完成教学内容。

总而言之,网络环境下的语文模式的操作程序实际上是学生个性化的自主学习过程。这是整个网络条件下语文教学最为关键的环节。在相关教学条件和设施齐备的前提下,学生就可以通过在线的网络教学平台学习。在教学系统里,教师和学生应该有各自不同权限的用户账号。这是在网络条件下展开教学的前提。教学中,师生分别通过自己的账号登录系统。学生学习的时间、内容及进程等由管理系统记录。如果是安排在正式的网络课堂上,学生则可在规定的时间和地点进行学习。如果是课堂之外,学生可以随时随地进入网络系统学习。学生可以完全按照教师和教学系统设定的教学进度和要求来安排自己的学习,也可以根据自己个人的具体情况来确定学习。

3.指导求新,展示成果

经过一系列的讨论和研究,学生得出了较成熟的结论,这时教师要积极组织学生总结研究成果,形成报告。体现研究性学习成果的形式由学生自主选择,可以是一篇论文、一份调查报告、一份主题演讲、一本探究日记、一个多媒体课件(演示文稿或专题网页)、一项活动设计方案等。因此,展示成果时,可以在课堂上面对面进行,由小组代表宣读自己的论文;也可以在网上发布研究成果。汇报的过程又是学生展示自己成果和学习他人成果的过程,这一过程可以培养学生创造性思维、语言表达能力和当众演说能力以及运用信息技术的实践能力,这些能力正是大学语文教学的目标要求,也是信息社会的人才所必需的素养。

4.激励创新,效果评价

组织学生积极参与全班讨论,提出上述展示的研究成果中的优点和不足。教师点拨、启发,学生进行学习总结,巩固知识,教师给予鼓励性的评价。对其中的不足需要在汇报后继续修正或补充,以使研究更加完善,也为指导今后的研究性学习打下基础,最重要的是研究性学习的评价目的不是"区分",而是促进"发展"。评价是为了学生找到自己能力的增长点,从而增强自信心,更好地改进学习;评价的作用需要通过学习者的自我反思和主动改进而实现;评价结果的表现形式是各个学生不同潜能的开发和对未来学习的建议。

二、网络化大学语文教学体系中师生关系的构建

在网络环境下,语文教师的教学活动和学生的学习活动都发生了巨大变化,所以他们各自角色也发生了转变。在网络环境下,语文教师和学生的角色各自有了新的内涵,必须对此进行再认识。

(一)网络语文教学模式下的语文教师

1.教学地位"从主体转为主导"

随着网络教育的发展、网络教学模式的逐步确立,倡导以"学"为中心,将"教师为中心"变为"以学生发展为中心"。因此,语文教师的角色由单纯的知识传授者向多元角色转变。从"怎么教"变为"教学生怎么学",让学生成为学习的主体,语文教师从主体转为主导。必须明确,在以学生为中心的网络化教学中,语文教师从"主演"变成场外的"指导"。语文教师在整个学生学习过程中的作用反而更重要了,语文教师角色的这种变化,表明对语文教师的期望更高,要求更严。

2.网络环境下语文教师必须具备良好的信息素养

一般语文教师的信息素养主要体现在信息意识、信息应用能力、信息

道德等方面。

首先,语文教师应具有信息意识。语文教师要对信息具有强烈的敏感性,能够敏锐地感受信息,尤其是对新的和有重大价值的信息的感悟能力。网络教育是以信息为基础的学习方式。语文教师只有具有强烈的信息意识,对信息和信息技术保持强烈的敏感性,才会积极主动地挖掘信息、搜集和利用信息,有效地获取信息,包括快速找出显性信息并能够通过这些显性寻找出隐含其中的隐性信息,优化信息获取策略而快速地获取信息,从而将其有效应用到教学实践中去。

其次,语文教师面对网络海量的信息,应具备网络信息检索和处理的能力以及对新信息的创造开发和传递等一系列的综合能力,并能从大量的信息海洋筛选获取有用的信息,对获取的信息进行组织加工,为当前的教学服务,是网络教学环境下语文教师必备的一项技能。

再次,语文教师应该具备信息交流能力和协作意识。网络给人类社会带来的贡献之一就是信息共享和高实效信息交换。每一个人在共享他人的信息的同时,有义务将自己的信息与他人共享。所以,网络环境下语文教师必须具备信息协作的意识。信息协作包含两个层面的意思,一是与他人的信息交流与协作,从而达到共享信息、提高信息的利用功效;二是与他人合作,共同挖掘信息、生产信息,达到更高层面上的信息开发和共享。同时,明了网络中发生的经济、法律和社会问题,遵守法律,尊重他人的知识产权、维护社会公德和网络安全,是每一个信息使用者的基本信息道德。

3.网络环境下语文教师的能力结构

(1)较强的网络教学设计能力

网络教学的一个重要特征就是突出学生创新精神的培养。在网络教学中,语文教师的职责而在于通过精心的教学设计,激励学生思考,鼓励学生自主学习,在语文教师的引导下,实现学生知识的建构和创新精神的教学设计能力。网络教学模式以信息技术为教学媒介,以学为中心,所以教学设计与以往相比发生了很大变化。网络环境下的教学设计是在先进教育理念的指导下，以网络为基本媒介，以设计问题情境以及促进学生问题解决能力发展的教学策略为核心的教学规划与准备的系统化过程。网络教学设计的目的是激励学生利用网络环境协作进行探究、实践、思考、综合运用、问题解决等的高级思维活动。语文教师要进行教学目标的分析、学习问题与学习情境设计、学习环境与学习资源的设计、教学活动过程设计、教学媒体的制作以及教学过程的评价设计。网络教学设计理念要强调充分发挥学习者的主动性和创新精神，一切教学的设计从学习者的需求与特点出发，强调案例学习、参与学习、体验学习等"驱动"式学习。

(2)协作性教学的能力

在现代社会，协作能力日益重要，协作也是网络教学的重要能力。例如，无论是基于网站的教学，还是网络探究教学，都是通过学生个体之间的相互影响、互相协作达到解决问题的目的。一个语文教师必须具备与他人进行成功协作的能力，这是语文教师培养学习者合作能力的重要素质和经验背景，这样才能把合作信息通过自身有效地传递给学生。语文教师之间通过网络等通信手段可以进行超越时空的协作。因此，语文教师利用信息技术可以建立更为便捷、有效的协作关系，而且可以实现经验、智慧的共享，获得更广泛、更有力的教学支持。例如，可以实践网上教研，和其他教师一起讨论教学设计，得到反馈信息修改完善自己的设计方案。

(3)较强的"导学能力"和"促学能力"

网络教学模式倡导"以学生为中心"，把学生当作学习的主体，所以，要求语文教师要成为网络环境下学生自主学习的导师，即语文教师要成为学生学习的帮助者、交流者和协作者促进学生的学习。这种能力是使学习者自身能够积极探究知识进行有效帮助的能力，强调通过语文教师有效的"导学"和"促学"，帮助学习者建构知识体系，这是一种新的能力意识，还需要摸索探究。

(二)网络语文教学模式下的学生

在网络环境下，学生的地位从被动向主动发生转移，成为学习的主体。这对学生的基本素质要求与传统教学环境下也是不同的,学会学习、学会交流、学会协作便成为学生的关键技能,是学生学习能力的提升。

1. 信息素养的要求

互联网已经成为最大的知识资源的宝库,学生面对的是一个信息的"海洋"。网络学习能否成功,关键在于学生是否具备良好的信息素养。对学生来说,信息素养是指对信息进行识别、加工、利用、创新管理等各个方面基本品质的总和,包括信息知识、信息意识、信息技能、信息道德以及社会责任、信息创新等几个方面。信息素养不仅包括利用信息工具和信息资源的能力,还包括对知识信息需求的阐明能力,对各种类型知识信息的查找能力,对所获知识信息的组织、选择能力,评估、批判能力和吸收、利用能力以及对知识信息进行交流的能力等,而且随着社会的发展,后者更加重要。例如,在语文教学中可以训练学生在短时间内对大量信息的快速浏览能力,把握文章重点的能力,提炼主要观点的能力;评价、分析、综合、表述的能力;下载、发布信息的能力。总之,信息素养可以看作一种高级的认知技能,是学生进行知识创新和学会如何学习的基础。具有良好信息素养的人不仅懂得如何学习,还具有终身学习的意识、习惯和能力。

2. 探究学习能力的要求

网络教学的目标是培养学生的创新精神和实践能力,网络学习强调的是学生的主体性、能动性和独立性,学习更多地成为学生发现问题、提出问题、分析问题和解决问题的过程。学习过程从灌输转变为自我探究,所以学生要形成善于质疑、乐于探究、勤于动手、努力求学的积极态度,在解决问题的过程中不断发现问题。

3. 自主学习能力的要求

在网络教学模式中由于学生主体地位的确定和回归,强调教学中发挥学生的主体作用,同时网络教学环境给学生的学习提供很大的选择自由度,学生可以自主选择学习的时间、地点及方式。面对虚拟自由的网络教学环境,学生必须培养自主学习的能力,学生可以根据自己的兴趣、水平,自主选择合适的学习起点、学习目标、学习内容及学习策略,不断进行自我评价和激励,以此充分培养和发展自主学习的能力。另外,通过自主学习,学生有所收获,从中发现自身所蕴藏着的巨大学习潜力和能力,重新认识自我,自信心得到增强,所以自主学习既能培养能力,又能促进学生情感的良好发展。与此同时,由于网络教学在中国尚处于开展阶段,网络教学环境下学生自主学习的能力有待进一步提高。

4. 协作学习能力的要求

互动性是现代教学理念的一个重要内容,主要体现在师生之间的交流和学生对教学的参与性。网络环境为师生交流和学生的主动参与提供了技术支持,使其成为可能。网络环境下的语文教学可以使师生充分运用各种聊天工具进行交流互动。而在一些教学过程中,还可以让学生参与到教学设计中来,如选择学习内容、设计学习程序和设计学习策略等。网络教学的这种交互性、合作性对教学过程具有重要意义,改变了传统教育单向信息传递的模式,有利于发挥学生的主体作用。网络环境下的协作学习,是指利用计算机网络以及多媒体等相关技术,由多个学习者针对同一学习内容彼此交流互动和合作,以对教学内容比较深刻地理解与掌握。在网络教学环境下,强调以学生为中心的协作学习,学生在具有极大的自由度的同时,也要具有协作的意识。多媒体网络教学为学生协作提供了广阔空间和多种可能,使个性化学习成为现实。学生可以自由从事学习活动,根据自身情况安排学习,而且可以通过交流商议、集体参与等实现协作学习,并在协作中提高学习兴趣和学习效率,通过贡献智慧,分享成果,进而学会协作。协作性意味着生生之间、师生之间通过电子邮件、讨论平台、视频会议等多种方式进行多元、多向交流互动。从学生之间合作关系来看,多媒体网络教学为学生合作提供了广阔空间和多种可能,使个性化学习成为现实。学生可以自主、自助从事学习活动,根据自身情况安排学习,而且可以通过交流商议、集体参加等实现合作,通过贡献智慧、分享成果,进而学会合作。在网络课堂中,师生、生生间的互动大大增加,可以形成一种跨越时空的、开放的、广泛的、交互的、平等的讨论,相互启发,集思广益。师生、生生间的合作学习成为一种必然。

(三)网络语文教学模式下的师生关系

在网络教学模式里,教师要为学生提供知识服务、信息服务、技术服务、答疑解惑等,这要求教师不仅要有扎实的语言功底,还要有娴熟的计算机操控能力,教师既是学生学习的指导者、监督者、研究者,又是教学软件开发的参与者和学习活动的协调者。为了保证学生的充分参与和自主学习,教师在学习过程中,要为学生提供各种信息资源,确定所需资源的种类和每种资源在学习过程中所起的作用。这就要求教师不仅要掌握多媒体技术以及相关的网络通信技术,对各类资料进行分析研究、过滤精选、归纳整合等,还要研究学生的知识结构、学习动机、学习风格等。教学中,教师要引导帮助学生确定适当的学习目标,选择达到目标的最佳途径和方法,指导学生高效地学习,掌握学习策略,培养学生自我调节、自我监控等能力,形成良好的学习习惯。教师要随时关注学生的需求,及时解答有关问题,做好学生学习的向导。面对丰富的网络教学资源,教师要平衡网络学习资源和教科书的关系,做好对学生浏览网站和学习内容的有效监督,让学生在教学要求的范围内进行自主学习。同时,教师要根据教学大纲、教学要求和学生个体差异将现代信息技术和课堂教学整合起来,配合课件及信息技术人员为学生设计出基于情境、体现个性、形式多样的学习任务,以开发学生的发散性思维、培养学生探究式的学习方法,充分调动学生的学习积极性,促使高效学习。教师作为协作者,在组织协作学习,建立良好、和谐的师生关系,组织、监督学生间和师生间的交互方面发挥着很重要的促进作用。

在以学生为主体的教学模式里,学生在教师的引导下,可以根据自己的水平,自主选择适合自己的起点、进度、学习内容、学习目标及学习方法;课堂外可自主选择学习的时间、地点,自主参与协作讨论;自主建构新的知识以及自主评价等。学习过程中,学生既是语言学习材料的准备者,又是使用者,他们的自主能力、创新能力、实践能力和继续学习能力得到了良好的培养和锻炼;他们的潜能得到了发掘,个性得到了培养,创意也得到了鼓励。因此,学习成为一个快乐的探索和创造过程。在这个探索和研究的学习过程中,他们创造了一种完全属于自己个性的学习方案和学习策略,并不断突破,不断获得新知识,不断发展自己的研究能力。同时,这种模式最大限度地调动了学生的学习积极性。在进行自主性、探究式学习时,学生还可以和同学、朋友及教师等进行交流和沟通。

第七章　信息时代背景下互联网与大学语文教学的整合

第一节　互联网与大学语文教学整合的基本概念

一、整合的基本概念

教育教学中的整合就是运用系统科学方法，在教育学、心理学和教育技术学等教育理论和学习理论指导下的教学资源和教学要素的有机结合，在整合过程中要协调教育教学系统中教师、学生、教育内容和教学媒体等教学诸元素的作用、联系和相互之间的影响，使整个教学系统保持协调一致，维持整体过程或结果，从而产生聚集效应。整合的目的就在于通过充分有效的发挥互联网特别是网络技术在学习过程中所独具的开放性、自主性、交互性、协作性、研究性等特点与优势，以推动互联网与课程及学科教学的深度交通，促进互联网在学科教学中的应用水平的提高，凸显学习内容综合性和学生的发展为中心，从而帮助教师在有关理论知识的指导下，更符合规律地进行一系列教学活动，实现学生学习水平的提升。

二、语文课程与互联网整合

"互联网与课程整合"和"课程整合"是两个不同的概念，有着各自的侧重点，但又联系密切。从理论上讲，课程整合意味着对课程设置、课程教育教学目标、教学设计、教学评价等诸要素的系统测量与操作，也就是说要用整体的、联系的、辩证的观点来认识、研究教育过程中各种教育因素之间的关系。广义的课程整合即课程设置的名目不变,但相关课程的目标、教学与操作内容(包括例子、练习等)、学习的手段等课程要素之间互相渗透、互相补充。当这些互相渗透和补充的重要性并不突出,到了潜移默化的程度时,就没有必要专门提"整合"了。反之,就需要强调"整合"。互联网与课程整合则是指互联网这一领域与其他学科的整合,或者说是将互联网"整合"于其他所有学科的教学过程之中,各个领域的研究和实践人员从自身的视角出发,对其做出了不同的界定。

互联网与课程整合指将互联网以工具的形式与课程融合,以促进学习,将互联网融入课程教学系统各要素中,使之成为教师的教学工具、学生的认识工具、重要的教材形态、主要的教学媒体。

互联网与课程整合的本质与内涵是要求在先进的教育思想、理论,尤其是主导—主体教学理论的指导下,把计算机及网络为核心的互联网作为促进学生自主学习的认知工具与情感激励工具、丰富的教学环境的创设工具,并将这些工具全面应用到各学科教学过程中,使各种教学资源,各个教学要素和教学环节,经过整合、组合、相互融合,在整体优化的基础上产生聚集效应,从而促进传统教学方式的根本变革,达到培养学生创新精神与实践能力的目标。

互联网与课程整合是当前互联网教育普及进程中的一个热点问题,也有些学者将互联网与课程整合看作是当前推进教育信息化的一个突破口。在开好互联网课程的同时,要努力推进互联网与其他学科教学的整合,鼓励在其他学科的教学中广泛应用互联网手段,并把互联网教育融合在其他学科的学习中。各地要积极创造条件,逐步实现多媒体教学进入每一间教室,积极探索互联网教育与其他学科教学的整合。这就从更高层次上要求广大教师和教育工作者深刻地理解互联网与课程整合的本质和内涵,只有这样,才能使之更好地为我国的教育和教学服务。

宏观目标:带动数字化教育环境建设,推进教育的信息化进程,促进教学方式的根本性变革,培养学生的创新精神和实践能力,实现互联网环境下的素质教育与创新教育。

具体目标:培养学生具有终身学习的态度和能力;培养学生具有良好的信息素养与信息文化;培养学生掌握信息时代的学习方式,学会利用资源进行学习;学会在数字化情境中进行自主发现的学习;学会利用网络通信工具进行协商交流和合作讨论式的学习;学会利用信息加工工具和创作平台,进行实践创造的学习;培养学生的适应能力、应变能力与解决实际问题的能力。

对以上目标进行分析,可以得出以下结论:

第一,互联网与课程整合就是在先进的教育思想和理论指导下,将以计算机和网络为核心的现代互联网全面应用到各学科的教学过程中去,改革教学模式,整合教学资源,变革教学内容的呈现方式、学生的学习方式、教师的教学方式以及师生的互动方式等。同时,为学生的多样化学习创造环境,使互联网真正成为学生认知、探究和解决问题的工具,培养学生的信息素养及利用互联网自主探究、解决问题的能力,从根本上提高学生学习的层次和效率,带动传统教学方式的变革。

第二,互联网与课程的整合,是一个主动适应和改革课程的过程,互联网与课程的整合将对课程的各个组成部分都产生变革性的影响和作用,确切地说,互联网本身是课程改革必不可缺的条件。正是互联网的快速发展,才使人类迈入信息化社会。基于互联网的现代教育技术与课程的整合本身就要求变革传统的课程观、教育观、教学观以及学习观等,还强调要尊重学习者的独立性、主动性、首创性、反思性和合作性。互联网与课程整合有利于营造新型的学习型社会,创造全方位的学习环境。互联网与课程整合会带来课程内容的革新,随着互联网的高速发展,必将要求传统课程适应信息化社会的发展要求,并增加与互联网相关的内容(例如开设互联网课程等)以及要求各门课程都必须根据时代的发展,革新原有课程内容,互联网与课程的整合也是课程内容革新的一个有利促进因素。

第三,互联网与课程整合将带来课程实施的变革,互联网与课程的有机整合必将要求革新传统的教学策略和理念。因此,互联网作为教学辅助工具和较强的认知工具,必将革新传统的教育教学理念,研究性学习、探究性学习等新型学习模式正在冲击着传统的课堂教学模式。

第四,互联网与课程整合将带来课程资源的变化。伴随着互联网的飞速发展,网络资源的丰富性和共享性,必将对传统课程资源观产生冲击。课程资源的物化载体不仅包括书籍、教材等印刷制品,还包括网络资源以及音像制品等。生命载体形式的课程资源将更加丰富,学习者可以利用互联网的通信功能与专家、教师等交流,从而扩大课程资源范围。

第五,互联网与课程整合将有助于课程评价的变革和改善。互联网与课程整合后,将带来评价观念和评价手段的革新。互联网可以作为自测的工具,有利于学生自我反馈,也可以作为教师电子测评的手段,优化评价过程,革新传统的课程评价观与方法。

第六,互联网与课程整合最主要的是带来学习方式的革命。网络信息的急剧增长,对人类的学习方式产生了深刻的变革作用。学习者将从传统的接受式学习转变为主动学习、探究学习和研究性学习。同时,数字化学习也将成为学习者未来发展的方向。互联网与课程整合,应把握其主体是课程,应以课程目标为最根本的出发点,以培养学生的综合素质以及创新精神和实践能力为根本目的。要根据客观条件,选择合适的技术环境和信息资源,以提高学生的综合素质,尤其要培养学生的创新精神和创新能力。

总之,互联网与课程整合的本质与内涵是要求在先进的教育思想、理论的指导下,把以计算机和网络为核心的互联网作为促进学生自主学习的认知工具与情感激励工具以及丰富的教学环境创设工具,并将这些工具全面地应用到各学科教学过程中去。对各种教学资源、各个教学要素和教学环节,进行整理和组合,使之相互融合,在整体优化的基础上产生聚焦效应,从而促进传统教学方式的根本变革,达到培养学生创新精神与实践能力的目标。

第二节 互联网与大学语文教学整合的应用价值

一、互联网推动语文教学改革的深入

互联网已经在各个学校实现了广泛的推广,这一点从学校的互联网相关的设备情况可以反映出来。互联网的普遍推广使用,促进了学校教学各个方面的改革,同样,在语文教学方面,也对语文教学环境带来了极大的改观,这些改观突出表现为基于计算机网络的语文多媒体教学模式的应用。基于计算机网络的语文多媒体教学模式为教师和学生同时提供了一个非常开放的多媒体网络环境。信息化网络教学令语文学习具有广阔性、丰富性和多样性,给学生以全方位刺激。学生在学习的过程中,可以就读、听、说、写等方面的问题在交互式的网络平台上自由地与其他学生进行讨论、互相帮助、互相启发、相互评估、开阔思维、激发学习兴趣,共同提高语文应用能力。总体上,多媒体技术的迅速发展推动了语文教学的改革,其特征表现在以下几个方面:

(一)便利信息存储的利用

以信息为基础的多媒体网络,具有信息存储、提取、双向传输等非常方便的优势,因此特别适用于教育,更有利于教学的信息传播机制的建立。

(二)促进发散性思维的培养

互联网具有非线性、非结构性,存储扩展想象任何功能的特征,其更加符合人类思维的特点。在互联网环境下,学习者通过非结构、非线性材料的信息状态下的自我学习,实现创造性思维提高灵活运用知识的综合能力,因此互联网对教育的影响特别大。

(三)促使学习个别化的实现

互联网网络有利于实现个人的学习目标价值。由于每个学生的需要、学习经验以及在互联网方面存在差异,同时在教学的多层次性多角度的信息的背景下,没有一套模式化的学习目标和学习路径,学习者可以根据自己的需要,选择适合自己的学习路径、学习内容。良好的人机界面的导航机制,交互式网络系统,让学生充分发挥其能动作用,积极参与学习过程之中。并且学生还可以自行选择学习内容,控制学习步调和速度,因而可以做到因材施教。

(四)推动教学内容和形式多样发展

互联网网络教学模式,一方面利用图片、文字来表达各种不同的动态内容,而且还通过的声音模拟教学和设置一系列多维教学元素,从而提高教学效率和教学质量。

二、互联网推动语文教学方法的创新

为激发学习的主动性,调动其学生学习兴趣,教师可以利用互联网创设情境使学生如闻其声、如见其人,仿佛置身其间,如临其境,师生就在此情此景之中进行情境交融的教学活动。欢快活泼的课堂气氛是取得优良教学效果的重要条件,学生情感高涨可促进知识的内化和深化。比如为了强化学生的语文听说技能,充分利用多媒体,针对教学内容,开展辩论、课本剧表演等实践性强的课堂活动,分别担任不同角色进行会话表演,从而使演的和看的学生全部进入角色,提升他们的注意力,并在轻松欢乐的气氛中增长知识,提高口头表达能力。

三、互联网推动语文教师的专业成长

语文教师课堂教学技能的培养应是现代方法与传统方法的统一。在互联网背景下,教师课堂教学技能渗透了互联网要素,由此产生了新的变化,因此其培养的方法应该是现代方法与传统方法的统一。例如导入技巧、语言艺术、提问技能等的提高,既要注重传统的方法如操练、训练、年长教师的言传身教,也要使用现代手段如微格教学、语音复读、电视摄像、录音、计算机课件等手段提高课堂教学技能,主要有如下五点作用:

(一)推动学徒制发展,提高示范教师的指导水平

学徒制活动是一种古老的教育教学活动,它往往是在真实的生活生产实践中进行的。在现场的活动情境存在真实的教与学的信息,师徒可以深入沟通。学徒可以通过顿悟和直觉习得那些难以言传但可意会的技能,可以习得未被师徒双方明确意识到的重要的信息。现今,学徒制活动已被赋予新的形式和内容。例如,为学徒的领悟提供方便,教师可以借助思维描述体现自己的思维路径,在这个过程中,师徒的角色扮演和角色互换可增强学徒的学习效果,通过一个熟练掌握了互联网、具备较高课堂教学技能的"师傅"教师,传授课堂教学技能给其"徒弟"教师,体现了指导教师的榜样作用,既影响学习者的学习态度和动机,又直接促进其对这种技能的领悟。

(二)丰富学习方式,提高教师教学技能

学习方式分为外在学习与内省学习,外在学习是有主观价值目标的学习,而内省学习是指学习者在与知识元交互的过程中取得的一些思路。两种方式既彼此影响又相互独立。学者发现,若将外在学习与内省学习统一起来,以先"内省"后"外在"的认知方式学习,其效果强于任何一种方式。

(三)奠定技术支撑,完善教学子技能的掌握

学习课堂教学技能是一个逐级提高的过程,复杂课堂教学技能的学习往往要建立在相对简单的子技能的获得基础之上。互联网环境下,课堂教学技能可以分解成许多子技能,子技能之间形成一种层级关系。在掌握低一级的技能后再学习高一级技能是学习课堂教学技能的关键。

(四)营造良好环境,形成积极情感信念

情感在学习中很重要,互联网环境下语文的教学技巧形成过程是一

个情感沟通的过程,是语文教师的价值观念不断播散的过程,在已获得的课堂教学技能中亦应蕴含着丰富的个人情感,只有蕴含着丰富的个人情感的课堂教学技能才能稳定、巩固下来。

(五)促进教学反思,提升教学效能感

反思在教师专业发展中颇受重视,它有助于教师成长。反思要做到坚持创作与高校教学过程教学密切相关的日志,对优秀教师的教学过程进行观摩考察,对自身的教学体验进行实践升华。教学效能感是教师根据以往经验及对教育理论的了解,确认自己能有效地完成教学工作,实现教学目的的一种信念。

四、互联网推动大学语文教学硬件的优化

电教手段能使语文教学变得生动、形象、直观、有趣,能充分激发学生的学习兴趣,能调动学生学习的主动性和积极性能强化学生对知识的记忆,有利于知识的巩固和提高。信息化教学能够为语文教学建构学习知识的氛围,在充满交际性的环境中,使学生在课堂上能够全身心地投入语文课程的学习过程中。学生一旦与所学知识产生积极互联,就会激发其产生成功感,学习动力也就有了不竭的源头,主动性和积极性也被调动起来了,并且由于信息化教学的直观性主要作用于学生的视觉器官,把教学的内容以画面的形式演示,使学生能够集中注意力,培养他们的观察能力和思维能力,同时借助这样的方式传播知识印象深刻,能给学生提供大量的色彩鲜明、真实生动的视觉形象,有利于加深教师传授知识的印象,方便教学。并且教师和学生之间可以开放性、全时空地沟通,通过这样极具现场性的沟通方式,长久地坚持下去,学生的语感就会大大提高。此外,多功能语音室还具有监控功能和统计功能,教师可以及时了解学生的实际水平和存在的缺陷和问题,并以此制定相应措施,对症下药,查漏补缺,逐步提高学生的听力水平。

第三节　互联网与大学语文课程整合的理论依据

一、互联网与大学语文课程整合的设计定位

互联网与大学语文课程整合的设计定位就是要求在先进的大学语文思想的指导下，把以计算机及网络为核心的互联网作为提升学生对语文学习兴趣的认知工具与情感激励工具、丰富教学环境的创设工具，并将这些工具全面地运用到语文教学过程中，使各种教学资源、各个教学要素和教学环节，经过组合、重构，相互融合，在整体优化的基础上产生聚集效应，从而促进传统的以教师为中心的教学结构与教学模式的根本变革，从而达到夯实基础知识，培养学生人文精神的目标。

此外，互联网与大学语文课程整合意味着在课程的学习活动中结合使用互联网，以便更好地完成课程目标，它是在语文课程教学过程中把互联网、信息资源、信息方法、人力资源和课程内容有机结合，共同完成课程教学任务的一种新型的教学方式。互联网与语文课程整合强调互联网要服务于大学语文教学，强调互联网应用于语文教育，而且从宏观目标可以定义为建设数字化教育环境，推进大学语文教育的信息化进程，促进学校语文教学方式的根本性变革，培养高校生的创新精神和实践能力，实现互联网环境下的素质教育与创新教育统一。每门课程都有自身学科特色，所教授的内容也是不同的，所以，互联网与大学语文课程整合也应该有其独特的目标，即培养学生的动手、观察、认知、想象等能力，让大学语文在互联网的支撑下，在活泼可爱的学生手中真正地"活"起来，使教师教起来更容易，使学生学起来更起劲。

二、互联网与大学语文课程整合的关键路径

互联网与语文课程整合是一种信息化的学习方式，其根本宗旨是培

养学生在信息化的环境中,利用互联网完成语文课程学习的目标。因此互联网与语文课程整合教学模式和教学策略的研究尤为重要,它应符合以下基本原则,即要求学习以学生的个体需要为中心,以有关语文知识的问题为关键,以交流讨论为基础,以培养学生的创造性为目的。

互联网与语文课程整合的基本策略包括学习环境和资源创设情景的信息化,学生的思维观察动态化,利用信息化学习环境和资源,利用其内容丰富、多媒体呈现的特点,培养学生自主发现、探究学习等诸多方面的能力。

三、互联网与大学语文课程整合的基本形式

(一)把互联网作为学习对象

高校开设了信息网络技术课程,将大学语文知识加入课程教学中。在深化互联网内容的落实中,全面融入大学语文课程。现在,许多高校互联网课程教材都注意到了这一点。例如,在信息网络技术课程中学习汉字输入,可以融入语文课的拼音练习和组词练习;学习绘图软件可融入几何知识和美术知识学习;搜索引擎可涉及网上检索语文学科专题信息练习等。总之,信息网络技术课程与其他各学科课程有着广泛的整合切入点,并可成为各学科知识综合运用的园地,这种整合方式由于主要落脚点是信息网络技术知识和技能的学习,对其他学科来说是副业,所以对各学科不能进行系统整合的教学设计。

(二)把互联网作为教师教学的辅助工具

这种方式就是指教师把互联网与教学相融合令其在课堂上发挥作用。在这种方式中,最常用的模式是"情境—探究"模式。该模式的基本内容是建构特殊的大学语文教学环境,帮助学生在自主思考中加深对语文知识的认识,深化运用语文知识发现问题、分析问题、解决问题的能力,并在这个过程中促进自身人文素养的发展,情感态度价值观的优化。

(三)把互联网作为学生学习的认知工具

互联网的独特优势可以使其在运用中,结合为大学语文课程学习内

容和学习资源的基本工具,例如,作为情境探究和发现学习的工具,作为协商学习和交流讨论的通信工具,或者作为知识构建和创作实践的工具,作为自我评测和学习反馈的工具。总之,是学生自己主动选择利用互联网工具完成学习的各个环节,达到学习的目标。

第四节 互联网与大学语文教学整合的实践路径

一、互联网与大学语文教学环节的整合

(一)运用互联网提升备课质量

互联网可以运用到备课中,具体看来就是以大学语文学科和学生自身的特点为基础,综合运用互联网搜集与大学语文教学有关的素材,如诗歌、散文、戏剧等并以此为基础形成课堂教学预设的各个环节。运用互联网将自己准备的诸多内容,以诸如幻灯片等信息载体的形式表现出来,还可以利用互联网将与大学语文教学有关的内容进行网络共享。

(二)运用互联网课堂改进授课效果

语文教学方法有很多,教师试图将语文知识传递给学生的整个互动过程称为大学语文课堂讲授。大学语文教师将现代互联网整合进课堂之中,依靠多媒体和网络形式多样的特色,发挥多媒体信息量丰富、图文并现、快速方便的技术优势,帮助学生学习字词,了解语言、分析文章,收到事半功倍的效果。因此,为了更好地理解课文内容,开阔学生视野,丰富知识,引导学生上网搜索与所学内容有关的古代文化的影响与图片,让学生通过相互交流,彼此沟通,从而在头脑中构建起相应的思考背景,为以后知识的学习打下良好的感性基础,也为学生提供了遇到问题自己解决、掌握主动学习的途径。此外,为了使学生更好地掌握诗词内容,提高他们的口语表达能力和想象能力,让他们通过声画同步的画面自己创设情境。

(三)运用互联网盘活第二课堂

第二课堂活动指的是为了延展大学语文课内教学所安排的各项学习

效果,从而将部分内容位移的过程,常见的第二课堂活动有辩论、专题性突破等形式。将现代互联网融入教学活动中,目前最受重视的还是网络课题式学习。学生划分为一定的学习单元后,选择适当的课题,从网络资源中自行寻找问题与解答方法。学生成为自主的学习者,以主动积极的方式探求知识,不但学到了自行寻求资源解决问题的态度与方法,使学习过程变得活泼生动,自主认知的知识也令学生印象深刻,不易遗忘。鉴于此,在课前布置预习作业,是培养学生动手操作能力的重要方法。

(四)运用互联网优化学生评价

评估是指学习课程内容结束后的表现,即学生所进行的评价活动,包括实施过程的评价和评估结果。评估方法包括使用软件统计数据分析图表,根据分析结果以便教师调整教学内容及进度,以加强学习效果。

二、互联网与大学语文教学方法的整合

(一)具象文本内容,提升综合素质

大学语文新教材中,有许多文质兼美的经典传世之作。对于这些古今中外的诗词文赋,咀嚼鉴赏,高质量的诵读是最为直接、最为有效的办法。此时给文本配上合适的声音和图像会令意境全出,在美的氛围中更能体味文本的内涵和美。这是一种惬意的诗化的教学境界,在这种境界之中,学生的文化品位和审美情趣就会日渐提高。

(二)整合多元资源,奠定知识基础

教师的资料可以凭借多媒体让学生分享,学生可以随时从网上获取一些相关的资料,如作家作品介绍、时代背景、写作情况等。不仅便利学生知人论世,加宽加深对作家的认识、对作品的理解,而且便利学生搞研究性的学习,还可以逐渐培养学生做学问的良好习惯和善于钻研的科学精神。

(三)营造联想意境,激活学生思维

语文的主要凭借是文字,而文字是实际生活的反映,所以注意调动多

种艺术手段将文字与具体的事物进行转换,更能显示两者之间的关系,从而激活学生的思维。如一种秋天的思绪,马致远用"枯藤老树昏鸦"等文字来表达,那么多媒体可用一支乐曲、一幅图画等方式来表现。人物的音容笑貌、言行动作小说家用文字来描绘,那么多媒体可以用演员表演来体现,让学生有更加直观的感受。多项的艺术联想与转换增设了教学情景,增添了教学效果。

(四)丰富对话渠道,改进师生互动

交互性是现代互联网的重要特征之一,多媒体和网络的使用,大大地拓展了学生讨论与交流的渠道,使小组活动、班级活动更易组织。师生之间、学生之间的交流更为广泛和便捷,尤其是可以不受课堂时空的限制,通过网络与外班、与外校交流。这样,相互间的信息反馈也更为及时,便于教学的调控,便于互相促进,真正能够做到在交流中增进合作、在合作中加强交流。

三、互联网与大学语文教学内容的整合

(一)互联网与阅读教学整合

在阅读教学中,要完成教学目标,关键是要让每个学生都能全身心参与学习过程。在互联网环境中,学生有充分的时间主动感悟、搜集和分析相关的信息,对所学的问题进行思考、讨论,提出各种假设并努力加以验证,再经过引导步入新的境界,使学习主体参与教学,形成"发现问题—积极探究—追求创意"的模式,促进学与教的优化。

(二)互联网与作文教学的整合

写作教学一直是大学语文教学的一大难题。与传统写作教学相比,把互联网引进写作教学,明显提高了写作教学的质量。经过研究发现,双主作文教学模式既突出了教师的主导作用,又突出了学生的主体作用。这种教学模式是由以下几个环节组成:

第一,创设写作情景——通过多媒体和网络,为学生创设一定的情

境,从而激发学生写作的热情和冲动。写作的兴趣始于视听的冲击和心灵的感染。因此,写作文前如果有意识地把学生外出活动的情景、生活中的画面、大自然的美景录制下来,在课堂上根据需要播放画面,使学生感悟形象,心灵受到感染,就会激发学生的创作热情。

第二,铺设写作素材——运用互联网进行作文教学时,学生可随机调用计算机提供的相关资源或到网络上寻找素材。这样的作文教学方式,使学生的主观感受得以表现,内心情感得以流露,个人智慧得以展现,激发了学生的求异思维,使学生的想象力由再现想象向创新想象发展,为学生的个性发展提供了空间,使作文课成为欣赏课,从而实现了"要我写"到"我要写"的巨大转变。

第三,优化创作过程——学生通过键盘把自己构思好的内容转化为书面语言,输入到计算机中,并对文章的不当之处进行修改加工。

第四,创新文后评价——学生互评教师点评后,让学生修改自己或别人的作文,并传送到校园网上发表。学生作文可以用移动工具或电子邮件的形式上交给教师,也可以保存在自己的文件夹中,这样就可以让所有的学生在网上共同阅读。学生在浏览其他同学的作文后,以小组形式讨论,互相批改,写出批改评语,然后教师有的放矢地对修改后的几个学生的作文进行点评、总结。这种修改方式方便快捷,提高了反馈作文的效率,真正实现了资源共享和广泛互动交流。另外,学生对于自己比较满意的佳作,可以汇编成《我的作文》,自己编辑、排版、绘制插图、制作封面,放在校园网上供全校学生欣赏。

(三)互联网与综合性学习教学的整合

目前,综合性学习是新课标对大学语文教学提出的一项教学目标,新课标明确指出学生要逐步掌握综合性学习的能力。同时,新课标中也提到,综合性学习要求学生利用互联网查找和搜集资料。在此,本书把互联网与大学语文综合性教学的整合划分为以下几个环节。

1. 细心设计问题,推动学生思考

这个阶段是教学设计的准备阶段。首先教师应根据学生本身的学习能力和知识背景,依据大学语文学科的特点,为学生选择具有挑战性的或学生比较感兴趣的问题,所给出的问题要具有选择性和灵活性,所选问题最好与学生的知识、经验结合起来,使他们可以根据已有的知识基础,利用网络和其他相关资源就能够解决问题。教师在设计问题时要认真分析学生现在的知识水平与实践能力,紧紧围绕教学目标,要明确学生在课前需要具备哪些知识,学生在课程结束时需要掌握什么知识和具备什么技能。

2.耐心点拨学生,有效利用资源

今天的互联网已经为全人类所拥有,每天都有新的网站加入、移动或删除。为了使学生在信息的海洋中合理运用资源,教师应当给学生提供解决问题的学习资源或进行导航,其中包括相关的网络地址、参考书目、文献索引以及其他多种媒体资源,教师还应该向学生介绍当前有效的网上信息检索、发布的工具软件或站点,以便于学生查找信息。同时要注意筛选、分析、加工信息,在具体落实中,学生以小组的方式阅读、筛选、分析、讨论所获得的信息,对这些信息进行甄别、选择与问题相关的信息,同时对信息的来源和原始信息做好记录。然后学生将收集到的信息进行分类,及时收集更多信息来进行补充,将信息按类别组织、形成纲要。在此过程中,教师应明确地告诉学生要完成任务需要的时间是多少,并对学生在信息的收集、整理、分析过程中可能遇到的问题进行答疑。教师应随时监督学生学习的过程,同时要鼓励学生积极评价所收集到的资料的实用性,最后对符合的信息、按照事理之间的逻辑性进行组织。学生与学生之间的相互交流是基于网络这一资源的,它是保证学习效果和质量的一个重要因素。

3.精心构建体系,适当予以评价

评价是教学设计开发的一个重要环节,它包括学生在资料查询期间的形成性评价和资料整理后的总结性评价,还有小组之间和学生之间的互评和自评。形成性评价是资料查询阶段的反馈过程,它的目的在于不断调整和修正学生分析、思考的要点,为学生得到合理答案提供正确的指导方向。总结性评价是在学生对查到的有用信息整理分类后,用工具或页面将其条理清晰地呈现出来,学生作为"教师"讲述他们从查询信息中得出的结论,教师在听学生讲述的过程中,可以随时根据展示内容提问,在听完学生的讲述后,教师可以从准备资料是否充分准确、发言是否条理有序、结论是否科学合理等几个方面对学生的学习成果进行评价。另外可以将学生个体的自评同教师、其他学生的他评结合起来,这样使得到的结论更加真实。教师还应当与学生共同回顾概念形成或问题解决的过程,分析学习过程中运用和发展了哪些信息技能、掌握了哪些知识、有没有更好的捷径等,分析利弊以利于学生信息收集处理能力的形成。

(四)互联网与大学语文教学模式的整合

把传统的教育教学模式与互联网结合起来,探索提高教育教学质量的新途径,同样是课程整合的有机组成部分。把互联网与大学语文教学模式进行整合这方面,具体的整合教学模式有以下三种:

1. 呈现式教学模式

所谓呈现式教学模式是指教师事先利用各种教学软件,制作好教具,然后在教学过程中按照教师的意图进行播放,依次来展示给学习者,促进学习者的认知的教学模式,这也是最常用的、最简单的教学方式。

2. 自主学习教学模式

素质教育提倡"学生为主体"的教学思想,学生主动思维的空间。互联网整合到大学语文学科教学当中,就是培养学生主动参与学习的思维意识。例如,有位教师在授课时充分利用了互联网进行教学。每一次作文批改时,教师都留心挑出能代表大部分学生的造句模式的典型错误或有代表性的优秀习作,利用 Power Point 制作出幻灯片,将有错误的地方或精彩的语句用不同的颜色显示出来,让他们自己修改病句或欣赏优秀习作。

3. 研究性教学模式

研究性教学模式就是运用网络信息资源对当前学科教学问题进行探讨与研究。这种模式可以用来扩展知识,培养学生的自学能力。大学语文教学中要涉及语言的自身规律和相应的社会环境、风俗习惯、历史文化等,这些东西对学生来说是陌生的、难以理解的。教师可采用研究性教学模式,根据大学语文课程的教学内容,利用互联网提供的"加工工具"将所呈现的学习内容进行收集、加工、分析、处理,整理成多媒体、超文本的学习资源,或者使用网络,为学生创设一种直观形象、生动有趣、便于理解记忆的语言环境和语言交际情景的场面,让学生在学到课本知识的同时,视野得到扩展,能力强的学生能学到更多的知识。

(五)互联网与大学语文学科特色的整合

从语文学科的特点看,学生所学的语文知识不仅是前人创作的结果,也是当代人思考的结晶。学习这些知识必须通过自己思考、自己感知、自己体验,把他人的思维结果转化为自己的知识结构。作为教者要突破传统方式,以现代教育理论和教育媒体为依托,不断探求以学生为主体的教学模式,以达到有效地实现知识训练能力的价值。互联网的应用可以帮助教师"描述"思维过程,因此在语文教学中应用互联网,教师必须进行两方面的分析。一是分析学生,在这里尤指分析学生的语文思维发展水平,它包括学生的认知发展水平、非智力因素的养成两个方面。二是分析教材,在这里要强调分析教学内容中是否存在一些用常规的教学媒体无法表现或不能很好表现的地方,进而分析计算机媒体所擅长的动态演示,图、文、声并茂的功能对此处的教学是否有利。

(六)互联网与大学语文教师技能的整合

课堂教学技能作为一种教师职业技能,是由十种要素组成的,它们是导入技能、语言技能、讲解技能、提问技能、变化技能、板书技能、反馈技能、演示技能、结束技能、课堂组织技能。这些技能各有侧重,是构成课堂教学技能的基本要素。这些技能在互联网环境下渗透了互联网要素。下面对四种有代表性的课堂教学技能在互联网环境下的特征进行分析。

1. 导入技能

导入是教学进入新课题时的教学行为,导入技能的基本任务是引起学生的学习兴趣,形成学习动机以及为产生教学过程的动力创造条件。传统导入方法有上课时的开场白、实物演示、实验和提问等,在互联网环境下语文教师可以通过播放课件、视频、音频材料、计算机模拟演示、上网查询调查等复习旧知识导入新课。多样、巧妙地导入技能,更易于引起学生的学习兴趣,形成学习动机。

2. 语言技能

语言技能是指使用语言传播教育教学信息的一种技能,该技能的获得与教师的语言能力、训练情况等有关。在互联网环境下,可以利用现代互联网手段培训教师的语言技能,更重要的是可以借助互联网手段如电声教学媒体,以语言为载体传递教育教学信息。语文教师使用扩音设备教学的技能、使用互联网网络进行语言教学的技能、使用语言实验室的教学技能,都是语言技能在互联网环境下的扩展。

3. 板书技能

传统的板书技能主要是指用粉笔在黑板上书写教学内容的技能,包括文字的书写、板面的布局、文字书写的先后顺序等技能。在互联网环境下,由于黑板不再是书写教学内容的唯一地方,课件、PowerPoint 演示文稿、网页等都是教学内容呈现的载体,字体字号的选择、页面的布局、教学内容呈现的先后次序等都是互联网环境下语文教师课堂板书技能的重要内容。

4. 课堂组织技能

传统环境下,课堂教学组成要素是学生、教学内容、教师。在互联网环境下,课堂教学组成要素增加了一项重要内容——教学媒体。教学媒体与课堂亲密接触,使课堂教学组织形式出现了新变化,即在课堂上何时使用教学媒体、使用多长时间为宜,在网络环境下如何组织教学,这些为课堂组织技能添加了新的内涵。简言之,互联网环境下的课堂教学技能都赋予了新内涵,语文教师的课堂教学技能呈现新的特征。

第八章　创新型大学语文教师

第一节　创新型语文教师的基本要求

一、高尚的职业道德情操

20世纪80年代后,国家经济不断发展,人们生活水平不断提高,对生活上的需求程度也随之提高,教师作为教育行业中的核心人员,人们对教师的要求也在不断提高。面对这样的情况,大学语文教师要明确自身价值的重要,不仅要做好"教师",重要的是如何做好"人师"。首先就要从职业道德入手,加强磨炼与提升。教师的基本要求包括高尚的职业道德情操、渊博的文化知识素养、高超的语言表达技巧、睿智的逻辑思维能力、宽广的胸怀、娴熟的教艺等。从高尚的职业道德情操开始分析,不论是教师还是其他任何行业,职业道德情操都是必须具备的,只有具备了职业道德,才能真正地投入工作中去,提高工作质量,主动推动教育质量、教育水平的不断提升。职业道德是道德的一种,也是道德对职业活动的一种特殊要求,同时职业道德也是道德体系中的重要组成部分。对于大学语文教师而言,职业道德要求教师在教学过程中要遵循相应的服务标准和行为标准,这些标准中包括了教师和学生、教师和教学、教师和教师之间的关系。职业道德也是评价教师行为的具体标准,因此,职业道德可以包含三个方面:第一,教师教学具有的专业技能,且专业技能有着对应的道德标准。第二,教师在教育过程中必须遵循的道德规范。第三,教师必须遵守的社会准则。对大学语文创新教育工作来说,大学语文教师需要具备的高尚的职业道德,是指教师在进行大学语文教学时必须根据教师职业道德和大学语文教学的本质特征,调整大学语文教育过程中必须遵循的相关原则。此外,高尚的职业道德也要求教师在其专业领域内,行使专业的权利,完成自身的责任和使命,主要包括了大学语文教师职业的道德信念、道德责任以及对大学生的责任,更好地推动大学教学的全面发展。

随着时代的发展,社会对教育提出更高的要求,无论是国家的发展还是社会的进步,抑或是学生的成长,都需要教师具备良好的职业道德,才能够更好地完成教育工作,可以说职业道德和教师发展相辅相成,职业道德决定教师的行为,教师的行为也反映出教师职业道德意识的变化。教师只有具备高尚的职业道德情操,才能成为学生的指导者、引领者,也才能起到言传身教的示范作用,不断激发学生的学习兴趣,让学生的综合素质得到全面地提升。可以说,职业道德是衡量教师的第一标准,想要保证教师的研究水平得到真正的提升,推动大学语文创新教育工作全面发展,就要保证教师具有高尚的职业道德,这是教师基本要求的基础与核心。因此,教师必须要对教学发展提出具体的想法,而这些想法是基于职业道德的基础上所提出来的创新方案,以此保证创新方案的有效性和科学性。和其他职业不同,教师的职业对象是变化的、成长的,而教师的职业道德会对教育对象产生深刻的影响,甚至会改变教育对象的生命轨迹,如果教师具有高尚的职业道德,就会对学生造成深远的影响,甚至于影响学生的一生,让学生终身受益,学生一生都会在教师的影响下形成优秀的品德,通过学生影响家庭,影响社会乃至更多的人。由此可以看出,教师具有高尚的职业道德,是保证教育成功的重要因素。

加强大学教师职业道德建设,首先,要从思想认识上提高,要把教师的素质和职业道德水平放在教师队伍建设的首要位置。一方面,学校党政组织要强化师德师风建设,通过全校范围内的师德师风学习、宣传、教育、表彰、督查等活动,对全体教师进行统一要求,统一管理,高标准考核,增强每一位教师立德树人、教书育人的责任感与使命感。另一方面,要从教师自身建设抓起,加强个人道德修养,强化自我约束,树立崇高的道德规范,崇尚科学、热爱职业、遵纪守法、恪尽职守,增强师德师风建设的责任感与紧迫感。其次,要从专业成长着手,打造过硬的本领,深化引领作用。教师作为传道授业解惑者,直接影响学生的价值取向与专业素养的形成。因此,作为大学语文教师要充分发挥身正为范的引领作用,打造高超育人水平,坚持教书与育人相统一、言传和身教相统一、潜心执教和关注社会相统一、学术自由和学术规范相统一,真正做到学为人师,行为世范,形成严谨治学、诚实守信、追求卓越的学术风格和优良教风。另外,要坚持终身学习,善于反思,不断进取。在学术和教育教学上狠下功夫,求真知、务实情、寻真理,及时更新知识结构,科学运用先进的技术,积极投身教学改革,创造性从事教育科研,以高水平教育教学成果追逐梦想。

二、渊博的文化知识素养

对于教师而言,劳动输出的方式以脑力劳动为主,劳动方式较为独立、灵活,这是很多高校研究人员的重点研究内容。大学语文教师的一项基本素养就是要具备渊博的文化知识素养。渊博的文化知识素养可以让教师个人魅力得到提升,也能够让教师更好地引导学生。教师想要引导学生、教育学生,就必须具有渊博的文化知识素养,从而不断提升自身的教学水平和教学质量。而教师秉持积极的学习能力,强力的探索精神,不断积累文化知识,在课堂上引经据典,访古问今,通过不同的方法,吸引学生探究知识的奥秘,辨别实物的真伪,给学生带来积极向上的价值观念、人生观念和世界观念。在这样的情况下,教师不仅会成为学生的引导者,同时也会成为学生的成长榜样和奋斗伙伴,从而带动学生全面地发展,推动教学活动丰富多彩,教学质量不断提高。同时,教师必须具备渊博的文化知识素养,才能够对教学研究工作提供全面的帮助,从而更好地促进教学改革与创新。

教师的文化知识素养是指教师在教学活动中遇到的困难可以有效解决,在研究工作中能有独到见解,游刃有余,这些能力集中体现在知识运用的熟练程度上。大学语文教师的水平应体现在具有本学科所需要的全部知识上。首先,要有广博的科学文化基础知识,包括社会科学、自然科学、人文学科、新型学科等,这是由语文学科知识的丰富性和综合性决定的。从某种角度说,大学语文教师应该是一定程度上的"活字典"和"百科全书",只有这样,教学中才能得心应手,左右逢源。正如《礼记·学记》所言,"学然后知不足,教然后知困",这在教学过程中体现得非常明显。其次,大学语文教师要有扎实而精深的专业知识,其中包括语言学、文学、美学、古代汉语、现代汉语、文学理论、文章学、写作学、哲学、历史学等。牢固而系统地掌握这些专业知识及其相关技能是大学语文教师必备的能力,只有这样,才能传道授业解惑。再就是作为大学语文教师还要具有丰富的教育理论知识和现代信息技术知识,当今时代,能否掌握现代教育理论,包括教育学、心理学以及现代教育技术,不仅关系到一个教师教学活动的成败,而且也是衡量一个教师是否符合新时代教师职业要求的基本条件。因此,大学语文教师的教育理论和研究能力要与时俱进,不断提升。随着人工智能的发展,很多体力劳动甚至智能劳动将由机器和软件代替,创新创造型人才培养倒逼教师发挥创造能力,成为知识、技能、创新三位一体的复合型教师,以适应新时代对人才培养的需要。

大学语文教师必须具备综合性的文化知识素养,使之眼界开阔、知识渊博、思维敏捷、反应灵活,善于用智慧点燃智慧,塑造高尚人格,传承优秀文化,这不仅是自身价值追求,更是职业要求,尤其是大学语文教师更应该加强语文专业修养。首先是人格修养,形成积极的人生理想、独立的思想观念、深厚的人文素养。语文教师的人格魅力是发展积极的心态,表现真实的自我,其个性的基础和核心都是自己生命的感悟、孕育出的思想。因此,要发展必须学会思考,善于反思,树立观点。崇尚科学、追求真理、独立思考是每一个语文教师坚守的人生信念。语文教师的人文素养主要体现在两个方面,一是人文知识,二是人文信仰,具体而言,就是对哲学、历史、社会、文学、美学等知识的通晓以及对社会人生的深情关怀,并把人文知识内化为自己的人文精神和人格力量。而语文教师的道德理想又是对现实问题的超越,始终坚持综合系统的理想主义价值取向,以道德之心对待学生,以自律之心对待自我,以宽容之心对待社会,并通过教师职业影响学生与社会。具备其理想的语文教师,一定会敏锐地发现语文课程的重大意义,深入地开拓语文课程的积极价值,不断地探索语文课程的诗意境界。其次是学术修养,形成专家型教师。大学语文教师学术修养的核心是语言文学素养,要对语言的掌握和理解达到精深熟巧的程度,要能熟练地操作和富有创造性地运用语言,有丰富的阅读经验,熟悉文学艺术的知识体系和历史渊源,能用扎实的知识顺利解决教学难题。语文教师的教学能力还需要具备教育科学理论,包括教育哲学、教育学、教育心理学和语文教育学,这是成熟教师的教学理论基础。教师只有了解教学规律,运用科学的教学方法,才能有效促进学生主体作用的发挥,从而获得最佳教学效果。再次是能力修养,形成教育艺术家。大学语文教师的能力结构应该是复合型的,包括语言传媒运用技能、言语表达技能、教学设计技能、课堂控制技能、语文活动技能、教学评价技能以及教学研究技能。语文教师的语言既是教学的工具,也是教学的内容,它包含着丰富的文化信息,具有强大的激发和组织功能。教师的语言修养在很大程度上决定着学生在课堂上获取知识的效率。而教师的教学能力要在教学过程中才能得以体现:一是以高度的责任感创造性地履行好自身职责。二是有明确的教学目的,不但要让学生掌握语文知识和技能,而且要对学生进行感情价值教育,培养学生独立获取知识的能力。三是要有效发展学生的思维能力,通过教学活动让学生在掌握语文知识的同时将知识转化为读写语文交际能力,不仅要发展学生的常规思维能力,也要发展学生多项思维能力,提高其思维品质,并借以发展学生的智能。

综上所述,教师的知识文化素养不仅可以提升自身的教育教学水平,也会在潜移默化中影响学生,引导学生,让学生认识到知识的重要性,此外教师在实际应用的过程中,知识文化素养的丰富,也可以让教师从多角度开展教学活动,根据教学内容进行有机拓展,让学生体验到更加丰富的教学内容。

三、高超的语言表达技巧

教师在实际的教育教学工作中一刻也离不开语言的运用,这些工作都需要教师具有高超的语言表达技巧,才能保证工作的顺利开展。语文是一门学科,也是一门艺术,教学的每一个环节都闪烁着创造的智慧,语文的教学过程实际上也是语言实践的过程,教师语言的形象性、启发性是教学艺术最重要的特征。通过打比方、做类比、举例子、摹声、绘状等艺术处理,使学生感知语文教材,如临其境、如见其人、如闻其声,从而产生巨大的感染力,促使学生的感知、思维、理解和想象等认知活动的积极展开。综合运用叙述、说明、论证、抒情等各种表达方式则能化难为易,引起共鸣。娓娓动听的讲解,丝丝入扣的分析,循循善诱的点拨,引人入胜的谈话,跌宕起伏的节奏,令人荡气回肠。教学语言的抑扬顿挫、诙谐幽默或是慷慨激昂、深沉委婉都能令人回味无穷。语文教师的语言具有鲜明的学科性质,即可感性、情感性和启发性,具备了这些语言特性,就能将深奥的事理形象化,把抽象的事物具体化,把无声的文字变成有声的语言,生动再现教材的思想内容。所以,大学语文教师理应成为运用语言的艺术家。

  教师这一行业非常特殊,所承载的使命是教人的灵魂的塑造,所以语言的表达对于任何教师而言都是一个重大命题。从某种角度看,教育就是作为语言而存在的人的精神活动,教师语言的传达直接作用于学生的心灵,成为师生灵魂交往的桥梁,促使学生诞生新的思想。大学语文教育相当于一种高级语言教育,具体指向大学生听、说、读、写能力的培养。而大学生自主学习的能力在不断加强,新时代新媒体所构筑的视听文化氛围为学习者提供了广阔的学习平台,获取知识的途径异常丰富,各种电影、电视、网络资源中丰富的关于文学、艺术的语言资料,不仅对大学生构成强烈的吸引力,而且也对大学教师的语言素养提出了更高的要求。言之无物不行,言之无味同样难以让大学生所接受。必须承认,现实时代大学课堂教学成为享受还是忍受,教师在教学中的语言素养与表达技巧举足轻重。所以,大学语文教师的教学语言理所当然应具有语文学科的性质,体现语文学科的特征。在具体教学过程中需注重语言运用的幽默美、叙述美、哲理美和抒情美。

在信息时代,从美学角度来看,人们生活在一个充满戏剧气氛的历史环境中,或冷或热的幽默性语言更能迅速有效地贴近大学生的生活,吸引大学生。具有幽默性的语言课堂有助于学生学习心态的良性运行,能推动学生产生喜悦与激情,在学习活动中收到如鱼得水、如沐春风的效果。在课堂教学实践过程中,具有幽默语言风格的教师其语言表达往往具有强大的沟通效果,很容易和学生打成一片,引起心灵共鸣,同时也展示出教师的聪明睿智,彰显自己的人格魅力。

大学语文教学中的哲理性语言是学生走向深度思考的指南针,哲理涉及社会、生活、人生历史等诸多规律性探索归纳,大学时代是理性思考高度发展的时期,大学生渴望以高度、深邃的理性视角深入地剖析自我与世界,培养适应时代生活、学习的新的精神力量。而文学相对于哲学的冷静、抽象、理性而言更接近感性、具象与情绪。优秀的文学作品往往蕴含着丰富多彩的关于社会、人生、文化历史的深层次的哲学思考。其中有对为人处世的奥义深思,也有对生命的终极追问、宏观探索以及微言大义,如果教师能掌握好这些哲理性语言表述的适宜角度,势必可以将课文理解引向深入。

大学语文教学中的文学性、趣味性、知识性和综合性特征,很大程度上是通过故事的传达实现的,教学实践证明,故事的磁场力量有时比单纯的理性传达更为强大。在课堂教学中,教师讲述的故事内容与表达质量高,一般都可以制造出更为有效的、生动的听觉效果。大学生生活经验有限,需要曲折生动、丰富多彩、寓意深刻的故事、人物形象拓展他们对生活的理解,对文学的了解,对历史的认识,对人生的探索。通过故事可以为课堂营造一种情境,让大学生身临其境,不仅得到感悟与思考,更能促使他们在教师故事讲述中取代、超越其习以为常的视觉享受,进而专注于感受语言的原始魅力,培养语言想象表达的兴趣与能力。教学中,教师应多选择充分体现大学语文特色并紧密结合生活实际的有历史性、文化性、时代性、个体性的多元丰富文本,让学生在历史的长河中汲取知识的营养,以此来提升思想的高度。

大学语文教学中教师语言的情感因素不可忽视。原本就属于人文素质教育课程的大学语文,其中的选文均为古今中外语言大师的情感的结晶,期间渗透着"爱"的教育,对真、善、美的追求能促使学生在专业学习之余,培养丰富的感性、情感的领悟与表达力,改善提高学生的情感与文化品位。教师如果能将切身情感与作品情感相融合,通过抑扬顿挫或慷慨激昂的情感语言舒展、深刻地抒发对于自然、人生、祖国、历史的浓厚情愫,获得美好的情感熏陶与慰抚。

总之,大学语文教师语言素养和技巧在实践中是追求一种浑然天成的个性表露,那种煽情的语言在大学阶段必须与较为成熟的现代理性精神、智慧思想火花巧妙、自然地融合,方可取得良好的效果。也只有这样高质量的融合,才能体现出大学语文教师情感的深度与力度,这有赖于教师自觉的知识积累与艰辛的能力训练。

四、睿智的逻辑思维能力

逻辑是关于概念、判断、推理的科学,它属于思维训练的内容,它与人的认知能力有关,人的认知能力强,它对规律意义上的逻辑把握就好一些,逻辑思维能力最重要的是观察、思考和表现事物规律的能力。读书有规律,这就是读书的逻辑;记忆知识有规律,这就是记忆的逻辑;教学有规律,自然是教学规律。大学语文教师应该掌握系统的逻辑知识,而逻辑思维训练主要是两个方面,一是逻辑知识修养,二是逻辑思维能力训练,这对于大学语文教师而言十分重要。因为思维能力与语文教育的关系十分密切,思维教育在整个教育活动中具有重要的地位。语言是思维的直接体现,思维靠语言来表达,二者是相互依存的关系。在解决语言的过程中,思维活动十分活跃,需要想象、联想、分析、综合、抽象、概括、判断、推理,形象思维和逻辑思维交替进行。在表达语言的过程中,也同样需要复杂而紧张的思维活动参与。

真正的语文课堂一定是学生发散思维的地方,一定是弥漫着一种浓烈的思维文化氛围的阵地。在实际的教学活动中,教师承担着引导学生建立形成正确的语文逻辑思维能力的重任,而这一职能就要求教师先要具备睿智的逻辑思维能力。对于教师而言,逻辑思维能力是完成大学语文创新教育工作的基础。首先,大学语文教师要以睿智的逻辑思维能力为基础,具备整合知识、创造知识的能力,善于总结不同知识之间的联系性,并且将其上升成为一种全新的知识体系,以此引导学生在脑中形成语文思维逻辑,将语文知识和社会实践相结合,真正让学生做到学以致用。其次,教师要具有创新逻辑思维的能力,也就是要在教育教学环节中,具有变通的思维能力。大学语文教师必须具备创新性的逻辑思维能力,善于发现学生的潜能,因材施教,多角度全面化地培养学生。大学语文教师一旦具备了睿智的逻辑思维能力,可以更好地运用综合性的教学方法和教学艺术,让学生真正地成为社会需要的人才,教师也会成为创新型人才的培养者。大学语文作为公共基础课程之一,具有提高学生人文素质,丰富学生语言应用能力、思维能力的作用,教师必须处理好逻辑与语文内容融合的关系。语文重在语言,逻辑重在思维,要想方设法将逻辑知识渗透到语文的全过程,贯穿在词语解释、作业、作文、演讲等学习活动中,在具体的教学活动中进行思维训练,不断提升自身能力。

逻辑思维能力的培养工作极为重要,教师可以通过旁听其他优秀教师示范课观察体会优秀教师的教学思维逻辑,对于自身的思维逻辑形成提供一定的参考,从而为大学语文创新教育工作的全面提升奠定基础。教师只有具备了良好的逻辑思维能力,才能够更好地完成自身的使命,为社会培养出更多的优秀学生。因此,教师必须突破原有的思维模式,创造性发展教育信息,更新教学内容,借此激发学生的学习兴趣,引导学生了解语文学习,形成综合性的发展。

除了上述内容之外,大学语文创新教育工作也需要教师具有睿智的逻辑思维能力,只有如此才能够通过课堂内外的讲授和指导,引导学生进入语文知识的实际,成为具有创新精神和实践能力的综合性社会人才。优秀的教师不仅要具有极高的职业道德素养、丰富的知识素养以及表达能力,还要具有良好的逻辑思维能力,才能够保证教师得到全面地发展,并且促进大学语文创新教育工作日益完善,教学水平不断提升。

五、宽广的胸怀

对于教学人员而言,不论是逻辑思维能力、知识文化素养、语言表达能力,都是对教师自身职业知识水平的要求,职业道德素养代表着教师对待工作的态度,而宽广的胸怀则是在职业道德素养的基础上,对教师个人人格提出的一个基本要求。教师要认识到除了传道授业解惑之外,教师也会对学生的世界观、人生观、价值观带来一定的影响,教师是一种特殊的职业,一个教师必须具备宽广的胸怀,能够在家长和学生之间得到一致好评,才能算作一个优秀的教师。大学语文创新教育工作中将宽广的胸怀作为创新型教师的基本要求,必须保证教学人员以宽广的胸怀对待教学工作和教学研究工作,得到全面发展。教师要学会保护自身,合理地使用自身拥有的权利,保证自身能力得到科学地运用,做到以德服人,从而为学生树立一个榜样,让学生也朝着同样的方向发展,这才是创新型教师在大学语文创新教育工作中需要起到的作用。教师不仅是学生的引导者,也是学生的参考形象,大学生在毕业后即将步入社会,教师要在此时给学生传达正确的人生观、价值观和世界观,才能够让学生成为对社会有用的人,成为社会的栋梁。

六、娴熟的教艺

无论是从理论还是现实的视角分析,对于当前的语文教育来说,提高语文教师的教育素养显得尤为重要和迫切。从理论的层面来看,教育的本质和语文教育的自身规律都要求语文教师应不断提高自己的教育素养。丰富的教育素养是一位合格语文教师的必备素养。所谓教学艺术就是教育素质在教学过程中的体现,是指提高教学效果的技巧与方法。教师只有具备了娴熟的教学艺术,才能够在教学活动中更好地把控流程,保证教学工作得以全面进行。想要成为一名优秀的创新型语文教师,就要做到德艺双馨,除了具有高尚的职业道德情操和坚韧不拔的工作态度以外,还要具备高深的学术造诣和知识文化素养,熟悉语文学科的教学方式方法,才能在教学研究和教育教学工作中不断总结经验教训,坚持双向发展,将大学语文创新教育工作的成果全面落实,以此拓展学生的语文思维,开拓学生的视野,让学生得到全面发展。

教师要以娴熟的教艺作为追求目标,不断加强教育素养的修炼,提升自身素养。学校也要加强师资队伍的建设,利用经验丰富的资深教师带动新教师发展,对新教师形成引导和示范,以此吸引更多的教师积极展开大学语文创新教育工作,创新发展出现代化的大学语文创新教育方法、思想以及人才培养模式,让学生从根本上提高学习质量,满足学生的学习需求,提高学生的学习成绩,从根本上提高教师的教学质量,满足大学语文创新教育工作的要求。大学教师的教学艺术包括教学方法、教学手段、教学观念等多个方面,因此教师必须科学地采取教学手段,综合使用多种教学技巧开展教学,满足教学模式发展。近年来,信息技术的全面发展,很多教师都开始应用多媒体技术,随着多媒体技术的发展,信息技术的普及,这种教学技术还需要得到更进一步的发展,才能够真正地促进教学水平的提升。比如教师可以改变多媒体技术的利用方式,将其和传统教学方法有机结合,借助多媒体技术的同时,也采用传统教学方法中有效的教学手段,保证教学质量,推动教学活动的全面开展。对于大学语文创新教育工作而言,重点在于创新,教师具有娴熟的教艺,会帮助教师更加合理地采取教学方式,在不同的教学方式之间进行切换,并且对教学方式进行优化,让教学方式的作用得到充分的发挥。课堂提问法也可以让教师对教学内容进行全面的考核,并且第一时间了解学生的学习情况,因此教师可以对这种提问方式进行优化,比如,教师可以采取小组提问的方式,通过小组之间的讨论,加强学生之间的沟通能力,或者可以在课堂的最后留出一定的时间,对课堂教学内容进行考核,合理选择考核问题,既要照顾学习能力相对较差的学生,也要考虑学习能力较强、学习成绩较优的学生,并且通过生生互评、教师评价的方式,让学生明确自身存在的不足,也能够让教师了解学生对知识的掌握情况,进而更加有针对性地展开教学。

不仅是课堂提问教学法,很多传统的教学方法都具有优秀的教学效果,只是需要教师对其进行合理的判断,让教师更好地面对学生,更加直观地面向教学活动,切合学生的学习心理,为学生构建良好的学习方式,引导学生正确地展开语文教学活动。

第二节 树立创新教学观念

一、变主讲为主导

在对创新型大学语文教师进行研究的过程中可知,思路创新和视角创新是大学语文创新教育研究工作中的重点内容,而教师作为大学语文创新教育工作中的主体人员,树立创新性的教学观念是重点内容,在树立创新性教学观念中,第一要素就是要变主讲为主导。采取理解式教学方法,将大部分课堂时间留给学生,而教师只需要少部分的教学时间,形成与现代人才培养相适应的教学观念。

教学观念对教学实践具有指导作用,教师可以采用启发式教学、互动式教学,以此培养学生的学习能力、创新意识。教师自身的教学观念会影响教师选择教学方法和教学手段,这就需要教师必须打破传统教学模式的限制,打开视野、大胆创新,变主讲为主导,在正确认识教学地位的基础上,选择合适的教学方式,以此保证教学方法的有效运用,让学生的综合实力得到真正地提高。比如,教师在实际的大学语文创新教育工作过程中,由内而外肯定了学生主导地位,将指导学生、引导学生作为教学的核心关键,在选择教学方法时,就会选择一些互动性较强的方式,保证教学工作得到全面的开展,从而在实际应用的过程中,提高教学方法的有效性,保证教学方法得到真正地落实,以此不断提高自身的教学水平,保证教学质量。新课改不断深入的过程中,教学地位发生了根本性改变,以某高校的教师为例,该校教师在实际的教学活动中,通过提问式教学法,让学生带着问题进行阅读,对课文进行自主分析,进而回答教师的问题,如果教师发现学生对课文产生错误的理解后,再来纠正学生,以此锻炼学生的阅读分析能力,也能够利用问题让学生明确阅读的重点,从而更好地开展教学工作,保证教学任务得到充分落实。

二、变保守为开放

开放性既是大学语文教学的重要原则之一,也是新课程课堂教学的基本要求。开放性要求在教学过程中能不断激起学生的思考、领悟、体验、探索和发展,让学生的思维、心态处于开放的状态,大学语文教学必须体现开放性。

教师是教学方法的创造者,教学方法是教学活动的一种外化表现形式,很多教学方法中包括了教学经验,是教师在实际应用过程中不断总结出来的。大学教学既是传授知识与文化的活动,同时也是创造知识与文化的活动,因此教师必须将大学语文创新教育工作成果应用到实际的教学工作中,推动教学改革进程。教师必须积极地借鉴、发展、创新出更多的教学方法,优化教学活动,勇于实践,主动创新教学方法。

教师要树立正确的教学心态以及严肃的职业态度,正确分析该教学方法的科学性和可行性,并且将其应用到教学过程中,对于在教学过程中发生的问题,结合实际情况,对教学方式进行优化,让学生真正地感受到全新的教学方式,才会产生教学效果,这需要教师有宽广的胸怀和开放的视野,不断吸收新信息,接受新方法,才能促进专业发展,提高教育素养,才能够让教学工作得到真正的落实,以此建立起良好的大学语文创新教育工作氛围,提高大学语文教育教学人员创新教育工作的质量,保证教学方法的实际有效性,让大学语文创新教育研究理论和大学语文创新教育工作相结合,以此推动大学语文创新教育的发展进步。

三、变统一为多元

对于大学语文创新教育工作而言,需要创新型教师变统一为多元,以此实现教学活动多样化、多元化发展。只有如此,才能更好地吸引学生的注意力,调动学生的积极性,满足学生的实际需求,为学生发展创造良好的课堂学习环境,保证学生得到全面地发展。变统一为多元也是创新型教师在实际应用的过程中必须遵守的教学原则之一,通过落实多样化的教学手段,才能够让大学语文创新教育工作得到真正开展。比如,教师想要从多个角度启发学生,让学生进行深入的思考,这就需要教师采取多样化的教学模式,提高教师的授课质量。教师要将课堂时间进行科学的划分,留给学生更多的互动时间和思考的时间。语文教学中积累固然重要,但是积累的实际意义是实践,综合上述内容可知,教师需要改变传统的教学方式,积极采用多种不同的教学方法,让学生的学习能力得到真正的提升。教师要以学生为中心,综合利用多种不同的教学手段和教学方法,让学生有新鲜感,随时保持学习激情,让学生的学习能力、创新意识得到真正的提升。对于大学语文教师来说,在创新过程中,不仅要积累丰富的专业知识,更为重要的是要树立起科学的教学理念,继而不断地完善知识结构,以此成为一个综合型、创新型的教师。

第三节　形成创新教学方法

一、创新教学方法的内涵

基于建构主义对创新大学语文教学方法进行分析,将语文创新教学法分为三个部分,即陈述性教学方法、非策略性的程序性教学方法、策略性的程序性教学方法。

第一,陈述性教学方法,主要是针对一些陈述性知识也就是语言知识、文学知识、文章知识、文言知识、文化常识等,其中语言知识还可以分为文字、词汇、语法、修辞等。针对这种理论知识采用的教学方法极为有限,一般都是通过直接的讲解,从而让学生理解语文教学知识并得到全面的发展,但陈述性知识主要是大学语文中的理论知识,这种知识并不能够直接转化为实践能力,因此在大学语文创新教学中这种知识的教学方法需要得到全面的创新。

第二,非策略性的程序性教学方法,主要是针对非策略性程序性语文知识,这种语文知识中包括了言语知识、查阅工具书知识、标点符号运用知识等,这些知识主要是关于活动过程和活动步骤,因此在实际的教学过程中,教师要对这些知识进行详细的教学,可以说非策略性程序性知识是语文教学目标的实现,对于语文教学全面的发展而言具有重要的意义。因此必须保证工作的全面发展,以此让教学方法得到全面地发展,为教学研究工作奠定良好的基础,比如,教师在实际应用的过程中,想要保证教育教学研究工作得到全面的发展,就要运用一些工具书教学法、阅读法等非策略性的程序性教学方法。

第三,策略性的程序性教学方法。除了以上两种教学方法之外,在实际的教学过程中,还需要考虑策略性程序性教学方法,这种教学方法主要针对的是策略性程序性知识,这种知识包括学习方法、学习程度,比如阅读策略、言语策略、写作策略等。通过科学合理的策略性程序性教学方法可以让学生更好地展开学习。以某校教师为例,在进行阅读教学工作中采取了引读法、提问法等手段进行全面的研究,以此让策略性知识得到进一步发展,让学生可以更好地掌握策略性知识,从而对自己的学习过程和学习任务进行反思,以此明确教学的实际情况,让教学工作得到全面地发展。

通过对陈述性教学方法、非策略性的程序性教学方法、策略性的程序性教学方法的分析,初步确定了大学语文创新教育教学方法的主要内涵,明确了大学语文创新教育教学方法中的主要内容,在此基础上可以得到更进一步地发展。

二、创新教学方法的原则

大学语文创新教育教学方法的原则不仅基于大学语文创新教育教学方法的内涵,还应对大学语文创新教育教学方法的过程进行分析,由上可知大学语文教学研究创新的过程具有三个特点,分别为:适合性、多样性、建构性。而这三个特点也是大学语文创新教育教学方法的主要原则。

(一)适合性原则

所谓的适合性原则就是大学语文创新教育教学要符合学生发展,满足学生需求,适合社会发展需要,更要符合教学目标。从大学语文创新教育教学方法来看,大学语文教学研究创新是其理论基础,大学语文教学研究对象为学生、教学内容、外在条件等方面。因此,大学语文教育教学方法的创新实践也要从这几个方面出发,以保证大学语文创新教育教学方法的科学性。首先,从学生的角度考虑,大学和其他阶段的学习不同,很多教学方法并不适用,因此在大学语文教育教学方法的创新实践过程中,必须采用具体形象、感染能力较强的教学方法,教授大学生更喜欢、更感兴趣的内容,满足学生的需求。其次,从教学内容的方面考虑,在一些陈述性知识的教学上,教师要利用生动活泼的表达方式和综合多样的教学方式,形成良好的教学氛围。还有,从外在条件的方面考虑,要求大学校园不断提升教学设备,包括多媒体设备、实践教室、教学道具、课外书籍等辅助教学条件,这些必要的教学设备都要不断完善,同时要符合大学语文创新教育教学的实际需求。综上所述,在大学语文教育教学方法的创新实践的过程中必须坚持适合性原则,这不仅是教学方法和教学条件的适合性,也是教学方法和教学对象的适合性。

(二)多样性原则

在对语文教学创新研究的实践过程中,除了要保证适合性这一特点之外,多样性特点也极为重要,只有在实际的教学过程中利用多样性的原则展现大学语文教育教学方法创新的魅力,并且从实际的教学情况出发,对教师的语文教学工作进行分析,创新发展具有教学特点的研究内容,以此让教学方法得到综合使用才是教学改革的真正动力。因此,在大学语文教育教学方法的创新实践中,必须坚持多样性这一原则,想要保证教学质量的全面发展,就必须实现大学语文教育教学方法的创新实践多样性,让教学方法服务于教学任务,进而实现教学目标,提高教学质量。多样性原则的实施要依靠教师和学校的共同努力,教师首先要形成多样化的教学理念,学校要提高对大学语文教学的重视,为教学活动开展创造良好的条件和环境。教师要不断积极地创新教学方法,了解新时期学生的心理,从而开创出可以充分调动学生学习积极性的教学模式。

(三)建构性原则

重点关注教学环境、学生学习意识、教师教学方法。在大学语文教育教学方法的创新实践过程中,教师可以通过具体的教学内容和教学方法,展开大学语文教育教学方法的创新实践工作,从而让大学语文教育教学方法的创新实践工作得到全面地落实,推动大学语文创新教育得到全面地发展,提升大学语文教育的优异性。建构性原则指的就是以学生为主,调动学生学习积极性,让学生主动发现知识的使用价值。因此,建构主义要求学生的学习环境必须要得到强有力的支持,还需要教师不断加强教学实践性。第一,学校要为学生营造一个良好的校园学习环境,这就需要学校加强校园文化构建;第二,教师要强调学习,创新教学,让学生主动地融入课堂教学环境中去。

三、创新教学方法的手段

基于大学语文教育教学方法的创新实践的内涵和原则可知,现阶段大学语文教育教学方法的创新实践可以采取的手段有很多,包括开展科研工程、定期组织培训、实现教师合作小组等。对于大学语文教育教学方法的创新实践而言,必须建立具体的教育教学环境,有针对性地进行改革创新。因此,教师要根据实际需要对教学方法的创新发展进行全面的分析,让学生可以更加容易接受大学语文知识,在脑海中形成正确的语文逻辑思维。

四、独特教学模式的构建

大学语文教育是实施素质教育的重要突破口,只有实施以自主学习为精神指导的多样互动的创新教学模式,才能真正实现培养和提高大学生创新能力的教育目标。而创新教学模式是在新时代教育沃土上培养出的新品种,代表着新时代教育发展的方向与进程,同时为新时代创新人才培养发挥事半功倍的作用,具有其独特的教育功能,是教育者反复实验的结果,反映出了教育者的智慧与贡献。对于独特教学模式的构成过程,可以从三个方面进行分析,分别为教师、学生和教学环境。首先是教师,对于教师而言,独特教学模式的构成,需要教师不断地创新实践,通过教育理论的积累和教育实践的历练,敢于创新,勇于实践,以此在真正的语文教育教学过程中不断探索、总结提炼,找出最优秀的教学方式,综合使用多样教学方法,营造良好的环境氛围,从而形成具有教育价值的独特教学模式。其次是学生,对于学生而言,独特教学模式的构成必然应符合学生的学习需求。学生作为语文教育教学的主体,在其中发挥着十分重要的作用,在教师实践过程中,学生要积极配合,给予教师真实的效果反馈,让教师更有针对性地完善教学模式的提炼,保证教学工作得到全面的发展,继而让语文教育教学方法得到有效应用。最后是教学环境,教师要根据自身的教学与研究内容,让教学模式得到真正的完善,以此推动教学全面地展开,让语文教育教学方法形成符合学生特性、学习环境的独特教学模式。

需要注意的是独特教学模式中充分考虑了不同班级、不同专业、不同学校之间的区别,这种教学模式是独立的,针对性和个性化较强,教师在实际应用这种独特教学模式时,必须要对教学实际情况进行分析,以保证语文教育教学方法得到有效运用。

第四节 创新大学语文考核评价体系

教学评价是指按照一定的教育目标和教学原则,运用科学可行的评价方法,对教学过程和教学成果给予价值上的判断,它是检验教学效果的重要手段,在教师与学生行为塑造中起到至关重要的作用,什么样的评价标准就会产生什么样的教学行为。随着现代信息技术的迅猛发展,产业创新升级,国际交流的深入,人才需求的变化,高校人才培养模式发生了深刻变化,构建科学的教学评价体系势在必行。科学、客观、准确、全面的评价体系对于课程目标的实施有着十分重要的意义。一方面,教师可以通过教学评价对自身教学进行反思,通过教学效果分析改进教学方法,寻找提高教学质量的有效途径;另一方面,学生可以通过教学评价检查自己是否完成了学习任务,判断学习状况,进而调整学习的方法策略,以提高学习效率。因此,大学语文教学评价必须通过多种渠道,采取多种形式进行,充分利用现代高科技手段,发挥网络技术在大学语文教学中的优势,采取形成性评价与终结性评价相结合的多元教学评价模式。

一、教学过程评价

教学过程评价是大学语文创新教学评价工作中第一个评价因素,也是最为基础的评价因素,通过对教学过程进行评价可以准确了解大学语文创新教学的开展情况,明确教学过程中出现的问题,以此为教师完善大学语文创新教学提供参考。在进行教学过程评价时,可以采用评价表、调查问卷,或者听课评课的方式进行。首先学校可以组织教师之间相互听课,进而由听课教师对主讲教师进行评价,以此实现教师互评。此外,教师还可以在课后发放评价表,引导学生对教学过程进行评价,从而让教师更好地总结经验。教学过程中学生是直接参与者,因此学生对教学过程的评价十分重要。随着学生参与评价的积极性得到全面提高,学生家长也会被影响,学校和家庭之间的沟通问题也会得到解决。由此可知,教学过程评价主要有三种评价方式,第一种是教师之间的相互评价,第二种是学生对教师的评价,第三种由教育主管部门组成教育督导、同行专家开展评价。综合使用这几种大学语文创新教学评价方式,可以让教师对教学过程中存在的问题进行反思,并且采取相应的改进措施,以此保证教学工作的全面开展。对学生而言,也能发挥自身学习的主动性,正视自己在学习过程中的参与程度与成长经历,感受语文学习的无穷魅力。

大学语文教学过程中评价的科学合理的评价结构可以促进教学过程

更加有序,保证教学质量,也能够让大学语文创新教学工作得到具体落实,给学生带来不同的教学氛围。可以说,大学语文创新教学评价中教学过程评价,是现阶段最为重要的评价内容。不仅是对教师的评价,在教学过程中还包括对教学过程的评价,在实际的教学过程中,教师也要对学生进行评价,包括课堂参与度、课堂认真度、出勤率等方面进行考查,以此对学生提出具体的要求,从而让学生全面融入课堂中,通过课堂过程评价,也让学生发现自己在上课过程中出现的问题,并在下一次上课时加以改正。

二、教学内容评价

除了教学过程之外,教学内容评价也是大学语文创新教学评价中的主要内容之一。教学内容评价就是针对大学语文创新教学中,教师所讲的具体内容,包括不同的语文知识,如陈述性语文知识、非策略性的程序性语文知识、策略性程序性语文知识等。教学内容评价方法和教学过程评价方法一致,也是教师之间的相互评价以及学生对教师的评价。教学过程和教学内容的区别在于,教学过程指的是教学课堂整体效果,而教学内容较为具体,需要判断教师在实际的教学过程中,所讲授的教学内容是否符合教学大纲,是否符合教学目的,是否符合学生语文能力培养的多样化需要,是否属于教学研究的主要内容等。学生也要对教师的教学内容进行评价,包括教师教授的教学内容是否为自己所需以及教学内容的实用性、教学内容的具体性等。在教学内容评价中还包括教师对学生的评价,学生对教学内容的掌握吸收情况,可以通过小测验、课堂提问等多种形式了解学生是否完全掌握了教学内容。总之,教学内容评价要在目标和内容上下功夫。目标的制订要根据大纲的要求、教材的特点和学生的接受程度,制订切合实际、明确具体的课堂教学目标;目标的落实主要指教学内容的确定、教学方法的选择、课堂教学的进程是否围绕目标进行以及学生达到教学目标的程度。教学内容的选择分为以下三点:一是内容的质量要能体现语言、文学的魅力,代表先进文化,能通过阅读与鉴赏进而形成富有个性的感悟、体验等。二是内容的深度要适宜,必须是学生经过努力可以掌握的。三是内容的广度要适当,内容的广度又决定课堂的密度、课堂的节奏。要根据不同专业选择不同的语文教材(文本),或者以教材为"学本"导览相关的名家名作。

三、教学方法评价

教学方法评价也是大学语文创新教学评价中的主要内容,在大学语文创新教学中可以采用的教学方法有很多,因此要对教学方法进行评价,确保教师在授课过程中使用的教学方法准确、可行。在对教学方法进行评价的过程中除了教师之间的相互评价以及学生对教师的评价之外,还可以加入专职教育机构的评价以及校领导的评价,可以采用的评价方法有很多,在大学语文创新教学评价的过程中,甚至可以召开专题讨论会、培训会以及实验班对比的方式等多种方法进行评价,以此形成具体的评价体系,创造优秀的评价氛围。随着校领导的加入,教学评价工作的执行力度也会得到提升,通过大学语文创新教学评价可以激励教师更进一步完善教学方案,完成教学任务,保证大学语文创新教学方法得到全面地优化。

以大学语文教学中的课堂教学为例,评价教师的教学方法是否有效,主要看三个方面的内容:第一,方法的选择。重点看教师所选择的方法能否为教学目标、教学内容服务,是否能根据学生的专业、对本课程的兴趣和认识特点来选择恰当的方法。第二,方法的运用。一是指导思想,主要看是否能把面向全体学生与注意因材施教相结合;二是认知传授,主要看是否能把知识传授的系统性和方法培养的有效性相结合;三是情感投入,主要看能否注重师生双方的情感交流、课堂互动;四是课堂调控,主要看信息反馈是否及时,调控是否得当,教育机制的发挥情况如何等。第三,教师基本功。主要指教学语言规范、清晰、准确、简洁、生动;教态自然亲切,仪态端庄大方;板书工整、美观、科学、新颖;课堂应变和调控能力强,能灵活驾驭课堂;注重语言的积累与整合;注重语言的感受与鉴赏;注重语文的思考与领悟;注重语文的应用与拓展;注重语文的发现与创新等。另外还有诸如教具设计是否实用合理,演示是否恰当、适度,引导学生的参与度等。

大学语文创新教学评价工作中针对教学方法、教学过程、教学内容的评价极为重要,通过具体的评价结果可以判断大学语文创新教学的开展落实情况,能够让高等院校更加有针对性地制订发展计划,也能够让教师更加有针对性地对教学方法、教学过程、教学内容进行完善,并且从根本上改变以成绩为主的评价方式,这种公平的评价方式下,学生的学习积极性和课堂参与度都会得到提升。

四、语文考试评价

除了上述评价方式之外,语文考试评价也是不能够被忽视的。语文考试评价是现阶段教学工作中极为重要的内容,评价考核机制中学生应该遵循素质教育和新课程改革要求,针对不同阶段的语文考试成绩进行评价。在大学语文创新教学评价工作中的语文考试成绩,会综合学生多次考试成绩进行分析,学生的学习压力降低,学习负担减轻,在学习过程中就更能够投入其中,学习成绩反而会得到提升。除了语文考试成绩评价,学生在课堂上的随堂测验也会算作成绩评价的一部分,以此让大学语文创新教学评价工作中的诊断功能作用得到发挥,激励功能也能够得到发挥,学生在教学评价的激励下,更加明确地认识到自身存在的不足,在日常生活中不断完善自己,从而在具体学习过程中得到全面发展。

五、语文能力的社会效果评价

大学语文创新教学评价工作中还要对语文能力的社会效果进行研究,这一评价内容较为特殊,主要针对的是学生在掌握语文知识后的实际应用能力和应用语文知识后达到的社会效果。通过对语文能力的社会效果评价,可以对教师和学生形成综合性较强的评价,也是对整个大学语文创新教学工作开展情况的评价。在对语文能力的社会效果进行评价的过程中，可以采用调查问卷和校园活动对语文能力的社会效果进行评价，比如，学校可以面向开展大学语文创新教学工作的专业举行语文活动，可以采用的语文活动也有很多，包括文学论坛、创作笔会、体验生活、才艺展示、经典朗诵、演讲比赛、课外阅读、个人博客等。通过对学生参与情况、参与活动的开展情况等多方面情况进行调查，就可以具体判断语文能力的社会效果。

通过通篇对大学语文创新教学的分析，对大学语文创新教学有了全新的认识，也对大学语文创新教学的发展方式、评价方法等内容提出了具体的方法，希望可以为高等院校大学语文创新教学发展提供参考。语文社会效果评价是语文创新教育教学研究的重点内容，通过社会效果评价，可以让社区、大众都参与到语文创新教育教学研究中，推动语文创新教育得到更好地发展。

总之，教学评价对学校教学工作和教师教学行为有着重要的导向和激励作用。学校和教师的发展趋向必然成为学校的行为决策目标，而大学语文教学评价体系的重构和有效运用也必然为学校的大学语文教学工作和一线大学语文教师的"发展趋向"提供依据，从而推动语文教学改革向纵深发展。大学语文教学评价是大学语文教学的重要环节，只有抓好这一环节，才能推动大学语文创新教学健康发展，实现开设"大学语文"课程的目的和宗旨，也才能使大学语文课程在培养现代创新人才的系统中发挥应有的作用。

参考文献

[1]霍晋峰.高校传媒类专业文学课程应用型改革研究[J].山西煤炭管理干部学院学报,2016(4):153−154.

[2]霍晋峰.现代汉语语音教学中的中国文化[J].戏剧之家,2017(8):208−209.

[3]霍晋峰.楚辞在电视剧《思美人》中的应用研究[J].山西能源学院学报,2018(2):119−120.

[4]霍晋峰.三国题材影视剧中对中国古典诗词的传承[J].山西能源学院学报,2019(1):94−95.

[5]彭霞玲,霍晋峰,李永娟.诗词入画境 情韵出其中——中国古典诗词在经典影视剧中以情境营造方式传承文化的研究[J].名作欣赏,2018(32):21−23.

[6]彭霞玲,霍晋峰.影视类专业应用型人才的文化素质教育研究[J].山西高等学校社会科学学报,2014(10):80−82.

[7]霍晋峰.论中国古代小说中诗歌的功能[J].蚌埠学院学报,2022(6):32−36.

[8]张志凌,尤杨,腾紫欣.大学语文[M].北京:北京邮电大学出版社,2017.03.

[9]黎力,邓钗.大学语文[M].天津:南开大学出版社,2017.08.

[10]邹春霞,季芳.大学语文[M].重庆:重庆大学出版社,2017.09.

[11]梅那.大学语文[M].南昌:江西高校出版社,2017.09.

[12]符晓黎.大学语文[M].沈阳:东北财经大学出版社,2017.07.

[13]许祖华.大学语文及应用文写作教程[M].武汉:华中师范大学出版社,2017.01.

[14]李新亮.大学语文阅读与口语训练教程[M].长春:东北师范大学出

版社,2017.06.

[15]孔琦.大学语文[M].北京:机械工业出版社,2017.02.

[16]何黎黎.大学语文教学方法的改革[M].长春:吉林文史出版社,2017.01.

[17]邹晓春.大学语文课程方向和内容构建研究[M].长春:吉林大学出版社,2017.01.

[18]侯丹.大学语文创新教育研究[M].长春:吉林人民出版社,2018.09.

[19]吴伟凡.大学语文新教程 第4版[M].北京:首都经济贸易大学出版社,2018.05.

[20]王永宏.中国传统文化与大学语文教程[M].哈尔滨:黑龙江大学出版社,2018.08.

[21]周凌玉.大学语文双色含微课[M].北京:航空工业出版社,2018.07.

[22]刘红卫.大学实用语文[M].开封:河南大学出版社,2018.08.

[23]王楠楠,姜艳辉.大学语文[M].哈尔滨:哈尔滨工程大学出版社,2018.07.

[24]孙艳红.大学语文[M].北京:高等教育出版社,2018.03.

[25]黄绍光,卢森焕.大学语文[M].桂林:广西师范大学出版社,2018.08.

[26]聂永乐.大学语文课程改革[M].成都:电子科技大学出版社,2018.04.

[27]何宗龙.大学语文与应用写作[M].沈阳:东北大学出版社,2018.10.

[28]唐慧菊,张德胜.大学语文[M].武汉:华中科技大学出版社,2019.09.

[29]陈舒,胡珏,徐敏.大学语文[M].成都:四川大学出版社,2019.08.

[30]范开田,范语砚.大学语文教育研究[M].长春:吉林出版集团股份有限公司,2019.04.

[31]文智辉.大学语文教育与教学研究[M].长沙:湖南大学出版社,2019.12.

[32]王双同.大学语文教育研究[M].北京:中国商务出版社,2019.03.

[33]杨秀琴.大学语文课程教学研究与探索[M].北京:中国原子能出版社,2019.04.

[34]严文晴,黄冬冬.大学语文与文学欣赏[M].北京:北京工业大学出版社,2019.11.

[35]刘春梅.大学语文教学与职业素养培养[M].长春:吉林摄影出版社,2019.04.

[36]孙娟娟.大学语文教学改革理论与实践研究[M].北京:中国商务出版社,2019.06.

[37]王君君.大学语文教学及课堂语言艺术研究[M].长春:吉林人民出版社,2019.12.

[38]秦小刚,杨晋毅.大学语文与应用写作[M].郑州:郑州大学出版社,2020.01.

[39]李岚,李亚萍,李逸.实用大学语文[M].上海:同济大学出版社,2020.01.

[40]李朋.信息化技术与高职语文教学模式改革研究[M].北京:中国华侨出版社,2021.12.